そのまま使える
スペイン語
フレーズブック

村上陽子 著

CD付き

IBCパブリッシング

カバーデザイン = 岩目地 英樹(コムデザイン)

本書は『そのまま使える！スペイン語会話表現集』(東洋書店)に一部、加筆・訂正したものです。

はじめに

　スペイン語をひと通り勉強し、はじめてスペイン語圏に行って人々と話してみると、「そんなふうに言うのか」という発見の連続だったことを思い出します。教室で、本で学んだスペイン語はもちろん人々に理解してもらえました。とくにスペインでは早口で話す人々のスペイン語になかなかついていけず、聞き取るのが　苦労でしたが、それでも言われることの多くは何とか理解できました。しかし、話すときも聞くときも、シンプルなちょっとしたことなのに、「これはどう言うのかな」「今言われた表現はどういう意味だろう」と思うことがしばしばでした。

　本書は、日常生活でよく使われるちょっとした表現や「言えそうで言えない」表現を集めました。スペイン語を学んだことのあるみなさんにとっては新たな発見があることを、そして、これからスペイン語にチャレンジするみなさんにとっては実践につながる第一歩となることを願っています。

　本書を作成するにあたって、多くの人々に支えていただきました。特に、正確な校正をしながら、「こんな表現は？」と私には思いつかないような表現を提案してくれたダニエル・サストレ・デ・ラ・ベガ氏には、心から感謝申し上げます。

2016 年 11 月

著　者

はじめに　iii
本書の構成と使い方　vi

1 基本表現

- 1-1 人称代名詞 2
- 1-2 所有代名詞 4
- 1-3 数字 6
- 1-4 色 8
- 1-5 朝昼晩・曜日・季節 ... 10
- 1-6 年月日 12
- 1-7 位置・方向 14
- 1-8 挨拶 16
- 1-9 お別れ 18
- 1-10 同意 20
- 1-11 否定 22
- 1-12 拒否 24
- 1-13 曖昧な返事 26
- 1-14 人体 28
- 1-15 大きさ 30

2 人間関係

- 2-1 初対面 34
- 2-2 呼びかけ 36
- 2-3 たずねる 38
- 2-4 話のきっかけ 40
- 2-5 頼みごと 42
- 2-6 感謝 44
- 2-7 お詫び 46
- 2-8 不調 48
- 2-9 お祝い・励まし 50
- 2-10 慰め・お悔やみ 52
- 2-11 友人関係 54
- 2-12 恋愛関係 56
- 2-13 言いわけ 58
- 2-14 意向をたずねる 60
- 2-15 驚きの表現 62

3 日常生活

- 3-1 乗り物 66
- 3-2 買い物 68
- 3-3 電話 70
- 3-4 たずねる 72
- 3-5 起床・睡眠 74
- 3-6 食事・パーティー 76
- 3-7 天気 78
- 3-8 コンピュータ・インターネット .. 80

目次

- 3-9 手紙・メール *82*
- 3-10 テレビ *84*
- 3-11 病院 *86*
- 3-12 銀行 *88*
- 3-13 理容院・美容院 *90*
- 3-14 トラブル *92*
- 3-15 服装 *94*

4 旅行

- 4-1 飛行機 *98*
- 4-2 税関 *100*
- 4-3 空港 *102*
- 4-4 タクシー *104*
- 4-5 チップ *106*
- 4-6 ホテル *108*
- 4-7 両替 *110*
- 4-8 レストラン *112*
- 4-9 観光 *114*
- 4-10 病気・怪我 *116*
- 4-11 劇場・映画館 *118*
- 4-12 スポーツ観戦 *120*
- 4-13 路上で *122*
- 4-14 盗難・紛失 *124*
- 4-15 訪問 *126*

5 ビジネス・社会

- 5-1 会社 *130*
- 5-2 経済 *132*
- 5-3 金融・保険 *134*
- 5-4 貿易 *136*
- 5-5 資源・エネルギー *138*
- 5-6 政治 *140*
- 5-7 給与・年金 *142*
- 5-8 福祉 *144*
- 5-9 環境 *146*
- 5-10 交通事故 *148*
- 5-11 自然災害 *150*
- 5-12 宗教 *152*
- 5-13 教育 *154*
- 5-14 乾杯 *156*
- 5-15 看板 *158*

本書の構成と使い方

　本書は**5つのジャンルをそれぞれ15のテーマに分け、各テーマを見開き2ページで、6つの会話表現から構成されています**。前半では日常のさまざまな場面で使えるような短い実用的な表現をあげ、後半では少し難しい文法事項や語彙を用いて時事的な事柄に関する表現をあげました。

　スペイン語には日本語にない音韻がいくつかありますが、スペイン語の発音に不慣れな人でも、本書にあげたようなさまざまな場面、テーマに関する表現が発音できるように、表題となる表現にはルビをつけました。語頭 **r** や **rr** などで表現される巻き舌など、カタカナで表現される音声とスペイン語の音声は必ずしも一致しませんので、付属の **CD** を聞いて違いを確認しましょう。ぜひ実際の発音練習を通じて、リズミカルなスペイン語の音の世界を楽しんでください。また、世界20ヵ国といくつかの地域で話されるスペイン語には、さまざまな面で地域的なバリエーションが存在しています。本書では、**ll** と **y** で表される音韻については **lla / ya**「ジャ」、**lle / ye**「ジェ」、**llo / yo**「ジョ」、**lli**「ジ」、**llu / yu**「ジュ」で統一しましたが、地域によっては **lla**「リャ」、**ya**「ヤ／イャ」など、異なる発音が存在することを覚えておくとよいでしょう。

　西暦、日付など数字を用いた表現の中には、書き言葉では算用数字で表記することが一般的なものがありますが、本書では学習者の皆さんがそのまま口頭で使うことを念頭に置いて、読み方が分かるようにアルファベットで表記しました。また、省略できる部分は(　　)に入れ（例：**mi tarjeta (de visita)**）、名詞や形容詞の女性形語尾や直前の表現と入れ替えが可能な表現は[　]に入れたり、／で区切ったりして示しました（例：**Encantado[da]**、どうしたの／言ってごらん）。

　外国語を習得するためにはさまざまな勉強方法が存在しますが、この本は、スペイン語の初級の文法をある程度学習したことがある人が、知っている知識を使ってどのように表現するか、ということを学ぶのに適しています。それぞれの会話に関連する語彙やよく似た言い回しを補足しましたが、文法的な説明は最小限にとどめましたので、文法を学んでからそれを使う練習をするという学習方法とは逆の方法で、会話の例を読み進めながら、そこに使われている文法的な事項を学んでいくのも本書の利用法のひとつでしょう。

1 基本表現

1-1 人称代名詞

1 ぼくだよ。
Soy yo.

A：¿Quién es?
どちらさまですか？

B：**Soy yo.**
ぼくだよ。

yo は1人称単数の主格人称代名詞。文頭以外は小文字で始める。

2 私たちもです。
Nosotros también.

A：Me alegro mucho de conocerlos.
お知り合いになれてとても嬉しいです。

B：**Nosotros también.**
私たちもです。

女性のみの集団であるときは nosotras になる。

3 お話しする時間はありますか。
¿Usted tiene tiempo para hablar?

A：¿Usted tiene tiempo para hablar?
お話しする時間はありますか。

B：No, tengo que irme ya.
いいえ、もう行かなくてはいけません。

usted は3人称単数の主格人称代名詞。丁寧表現として聞き手をさす。

スペイン語では動詞活用形に主語を指し示す機能があるので、主語の人称代名詞は省略されることが一般的である。

tú　親しい間柄にある聞き手や、同じような立場、年齢もしくは目下の聞き手に対して使用される2人称単数の主格人称代名詞。聞き手の性別に関係なく使用される。

vosotros, vosotras　túの複数形であるが、vosotrosは男性のみ、もしくは男女の混ざった集団に対して、vosotrasは女性のみの集団に対して使用される。

él, ella　3人称単数の主格人称代名詞でélは「彼は」、ellaは「彼女は」という意味である。

ellos, ellas　それぞれélとellaの複数形であるが、男性複数形のellosは女性も含むことができる。

ustedes　丁寧な表現ustedの複数形である。聞き手をさすが、ustedと同様、文法的には3人称である。

主格	単	yo	tú	él ella usted
	複	nosotros nosotras	vosotros vosotras	ellos ellas ustedes
直接目的格	単	me	te	lo la
	複	nos	os	los las
間接目的格	単	me	te	le (se)
	複	nos	os	le (se)
前置詞格	単	mí	ti	él ella usted
	複	nosotros nosotras	vosotros vosotras	ellos ellas ustedes
再帰	単	me	te	se
	複	nos	os	se

1-2 所有代名詞

1 (私の) 妻です。
Es mi esposa.

A：**Es mi esposa.**
(私の) 妻です。

B：**Mucho gusto.**
はじめまして。

「私の」mi は複数形の語を修飾するときには複数形となる。

---

2 このスーツケースは私のではありません。
Esta maleta no es mía.

A：**Esta maleta no es mía.**
このスーツケースは私のではありません。

B：**Es de Felipe.**
フェリペのです。

動詞 ser の補語には所有形容詞後置形を使用する。主語と性数一致させる。

---

3 僕のは壊れているんだ。
La mía está rota.

A：**¿Puedo usar tu bicicleta? La mía está rota.**
君の自転車を使ってもいい？ 僕のは壊れているんだ。

B：**Claro que puedes usarla.**
もちろん使ってもいいよ。

定冠詞＋所有形容詞後置形は「～のもの」という代名詞になる。

所有形容詞には前置形(短縮形)と後置形(完全形)がある。

● **所有形容詞前置形**

私の		私たちの	
mi	mis	nuestro	nuestros
		nuestra	nuestras
君の		君たちの	
tu	tus	vuestro	vuestros
		vuestra	vuestras
彼の／彼女の／あなたの		彼らの／彼女らの／あなた方の	
su	sus	su	sus

「私の」と「君の」、「彼の」など3人称の所有者を表す形式は後ろに置かれる名詞にあわせて数変化を、そのほかの所有詞は性数変化をする。

● **所有形容詞後置形**

私の		私たちの	
mío	míos	nuestro	nuestros
mía	mías	nuestra	nuestras
君の		君たちの	
tuyo	tuyos	vuestro	vuestros
tuya	tuyas	vuestra	vuestras
彼の／彼女の／あなたの		彼らの／彼女らの／あなた方の	
suyo	suyos	suyo	suyos
suya	suyas	suya	suyas

後置形は動詞 ser の補語となって述部を作ったり、定冠詞とともに使用されて代名詞的な働きをしたりする。すべて言及する名詞にあわせて性数一致する。

1-3 数字

1 息子が1人、娘が1人います。
Tengo un hijo y una hija.
(テンゴ ウン イホ イ ウナ イハ)

A：**¿Tiene usted hijos?**
お子さんはいらっしゃるのですか。

B：**Sí, tengo un hijo y una hija.**
はい、息子が1人、娘が1人います。

1は数詞では uno だが、何らかの名詞に前置するときは不定冠詞を使う。

---

2 21歳です。
Tengo veintiún años.
(テンゴ ベインティウン アニョス)

A：**¿Cuántos años tienes?**
年はいくつ？

B：**Tengo veintiún años.**
21歳です。

一の位が1になるときは名詞にあわせて変化。

---

3 午前10時です。
Son las diez de la mañana.
(ソン ラス ディエス デ ラ マニャナ)

A：**¿Qué hora es?**
何時ですか。

B：**Son las diez de la mañana.**
午前10時です。

「午後の」は de la tarde。1時台は動詞と定冠詞が単数になる(Es la una ...)。

4 168 センチです。

Mido ciento sesenta y ocho centímetros.
_{ミド　シエント　セセンタ　イ　オチョ　センティメトロス}

A：**¿Cuánto mides?**
　　身長はどのぐらい？

B：**Mido ciento sesenta y ocho centímetros.**
　　168 センチです。

100 は十の位以下がなければ cien、あれば ciento となる。

---

5 約 300 世帯が暮らしています。

Viven unas trescientas familias.
_{ビベン　ウナス　トレスシエンタス　ファミリアス}

A：**¿Cuántas familias viven en este pueblo?**
　　この村には何世帯が暮らしているのですか。

B：**Viven unas trescientas familias.**
　　約 300 世帯が暮らしています。

200 から 900 までの百の位は女性名詞と用いられるときは女性形になる。

---

6 2005 年に開院されました。

Lo inauguraron en dos mil cinco.
_{ロ　イナウグラロン　エン　ドス　ミル　シンコ}

A：**¿Cuándo inauguraron el Hospital Santa Teresa?**
　　サンタ・テレサ病院はいつ開院されたのですか。

B：**Lo inauguraron en dos mil cinco.**
　　2005 年に開院されました。

1000 mil は複数にならない。西暦は日本語と同じく数字と同じ読み方。書くときは算用数字で書くのが一般的。

1-4 色

1 何色が好きですか？
¿Qué color le gusta?

A: **¿Qué color le gusta?**
何色が好きですか？

B: **Me gusta el verde.**
緑色が好きです。

色は男性名詞。el color ～と表現してもよい。

---

2 顔色が悪いね。
Estás amarillo.

A: **Estás amarillo. ¿Qué te pasa?**
顔色が悪いね。どうしたの？

B: **Tengo dolor de estómago.**
胃が痛いんだ。

amarillo は「黄色い」という意味だが「青ざめた、顔色が悪い」という意味もある。

---

3 あのオレンジ色の手袋が見たいのですが。
Me gustaría ver aquellos guantes naranja.

A: **Perdón. Me gustaría ver aquellos guantes naranja.**
すみません。あのオレンジ色の手袋が見たいのですが。

B: **Sí. Cómo no.**
はい。もちろんです。

naranja は果物の「オレンジ」。形容詞としても使用され、たいてい性数不変化。

色を表す形容詞もまた、一般的な形容詞と同様のルールで性数変化をする。

　oで終わる語はそれをaに変えて女性形を作るが、eや子音で終わる語は性変化はしない。また、母音で終わるものはsを付加し、子音で終わるものはesを付加して複数形を作る。

白い	**blanco blanca blancos blancas**
黒い	**negro negra negros negras**
赤い	**rojo roja rojos rojas**
黄色の	**amarillo amarilla amarillos amarillas**
紫色の	**morado morada morados moradas**
緑色の	**verde verdes**
青い	**azul azules**
茶色の	**marrón marrones**
灰色の	**gris grises**

　naranja「オレンジ色の」やrosa「ピンク色の」などは、de color naranjaやnaranjado、rosadoといった言い方もあるが、性数変化せずに使用されることが多い。

1-5 朝昼晩・曜日・季節

1 明日の朝、お電話してもいいですか。
¿Puedo llamarlo mañana por la mañana?

A：**¿Puedo llamarlo mañana por la mañana?**
明日の朝、お電話してもいいですか。

B：**Sí, espero su llamada.**
はい、お電話をお待ちしています。

mañana は副詞・男性名詞としては「明日」、女性名詞としては「朝、午前」。

---

2 冬に雨がよく降ります。
Llueve mucho en invierno.

A：**¿Cómo es el clima de esta región?**
この地域の気候はどうですか。

B：**Llueve mucho en invierno.**
冬によく雨が降ります。

季節 estación、春 primavera、夏 verano、秋 otoño、冬 invierno

---

3 今日は何曜日ですか。
¿Qué día de la semana es hoy?

A：**¿Qué día de la semana es hoy?**
今日は何曜日ですか。

B：**Es miércoles.**
水曜日です。

de la semana (「週の」)を del mes (「月の」)に変えると日付を尋ねる文になる。

● 朝・昼・晩

mañana	朝・午前	tarde	昼・午後
noche	夜	mediodía	正午
medianoche	真夜中	madrugada	深夜・明け方

　mediodía 以外はすべて女性名詞である。

　副詞句にするときは por la mañana / tarde / noche（朝／昼／夜に）、al mediodía（正午に）、a la medianoche（真夜中に）、en la madrugada（深夜・明け方に）と前置詞が変わるので、注意が必要である。

　指示形容詞「この」とともに用いると、esta mañana（今朝）、esta tarde（今日の昼・午後）、esta noche（今晩）という表現になる。

● 曜日

lunes　月曜日	martes 火曜日	miércoles 水曜日	jueves　木曜日
viernes 金曜日	sábado 土曜日	domingo　日曜日	

　副詞的に使用するときは男性単数定冠詞 el を前につける（el lunes「月曜日に」）。定冠詞とともに複数形にすると「毎週〜曜日に」となるが、月曜日から金曜日までは単複同形（los jueves「毎週木曜日に」）。

1-6 年月日

1 今日は何日ですか。
¿Qué fecha es hoy?

A：**¿Qué fecha es hoy?**
今日は何日ですか。

B：**Es cuatro de julio.**
7月4日です。

¿A cuánto estamos hoy? や ¿Qué día del mes es hoy? とも言う。

---

2 誕生日はいつですか？
¿Cuándo es su cumpleaños?

A：**¿Cuándo es su cumpleaños?**
生年月日はいつですか。

B：**Es el veintidós de abril.**
4月22日です。

特定の日付の前には定冠詞男性単数形 el をつける。

---

3 シンポジウムはいつ開かれるのですか。
¿Cuándo se celebra el simposio?

A：**¿Cuándo se celebra el simposio?**
シンポジウムはいつ開かれるのですか。

B：**Se celebra en octubre del próximo año.**
来年の10月に開かれます。

「〜月に」は en + 月名。定冠詞 + próximo（a）で「次の〜」となる。

● 年　año

「～年に」は en + 西暦で表す。西暦は日本語と同じく、数字と同じ読み方をする。つまり en 1996 は en mil novecientos noventa y seis となる。

● 月　mes

「～月に」は en + 月名で表す。

1月	enero	2月	febrero	3月	marzo
4月	abril	5月	mayo	6月	junio
7月	julio	8月	agosto	9月	septiembre
10月	octubre	11月	noviembre	12月	diciembre

● 日　día

一日は序数 primero も使用できる。特定の日付に関して述べるときは定冠詞男性単数形 el を前につける。

―¿Cuándo partes de Japón?　いつ日本を出発するの？
―Parto el diecinueve del próximo mes.　来月19日に出発します。

● 指示形容詞「この」+時を表す名詞

今年　este año　　今月　este mes　　今週　esta semana
最近　estos días

●「来週」など未来の表現

来年　el próximo año / el año próximo / el año que viene
来月　el próximo mes / el mes próximo / el mes que viene
来週　la próxima semana / la semana próxima /
　　　la semana que viene

1-7 位置・方向

1 右に水道橋が見えます。
Podemos ver el acueducto a la derecha.

A：**Mire. Podemos ver el acueducto a la derecha.**
ご覧ください。右に水道橋が見えます。

B：**¡Es espectacular!**
壮観ですね！

「左に」は a la izquierda、「奥に、突き当たりに」は al fondo。

---

2 商用でバルセロナに行きます。
Voy a Barcelona por negocios.

A：**¿Qué vas a hacer este fin de semana?**
この週末は何をする予定？

B：**Voy a Barcelona por negocios.**
商用でバルセロナに行きます。

a は 1 のように地点を表すだけでなく、方向や到達点も表す前置詞。

---

3 どこに住んでいるの？
¿Dónde vivís?

A：**¿Dónde vivís?**
（君たちは）どこに住んでいるの？

B：**Vivimos en la calle Lope de Rueda.**
ロペ・デ・ルエダ通りに住んでいます。

dónde は場所を尋ねる疑問詞。前置詞 en は場所・地点を表す。

4 あなたはどちらの出身ですか。
¿De dónde es usted?

A：**¿De dónde es usted?**
あなたはどちらの出身ですか。

B：**Soy de Japón.**
日本です。

de は起点、所属、所有などを表す前置詞。

---

5 この近くにあります。
Hay uno cerca de aquí.

A：**¿Hay un banco por aquí?**
このあたりに銀行はありますか。

B：**Sí, hay uno cerca de aquí.**
はい、この近くに一つあります。

「そこに」は ahí、「あそこに」は allí。「〜から遠くに」は lejos de 〜。

---

6 市役所の前にあります。
Está delante del ayuntamiento.

A：**¿Dónde está la oficina de turismo?**
観光案内所はどこにありますか。

B：**Está delante del ayuntamiento.**
市役所の前にあります。

「〜の後ろに」は detrás de 〜、「〜の正面に」は enfrente de 〜。

1-8 挨拶

1 おはようございます。
Buenos días.
(ブエノス ディアス)

A：**Buenos días, señor Sierra.**
おはようございます、シエラさん。

B：**Buenos días. ¿Qué tal?**
おはようございます。調子はどうですか。

「こんにちは」Buenas tardes、「こんばんは／おやすみなさい」Buenas noches。

---

2 やぁ。調子はどう？
¡Hola! ¿Qué tal?
(オラ ケ タル)

A：**¡Hola! ¿Qué tal?**
やぁ。調子はどう？

B：**Muy bien, gracias. ¿Y tú?**
とても元気だよ、ありがとう。君はどう？

hola は時刻に関係なく使用できるくだけた挨拶。

---

3 日本へようこそ！
¡Bienvenido a Japón!
(ビエンベニド ア ハポン)

A：**¡Bienvenido a Japón!**
日本へようこそ！

B：**Muchas gracias por recibirme.**
お出迎えどうもありがとう。

bienvenido は相手の性別と数にあわせて語尾が a / os / as と変化する。

4 調子はいかがですか。
¿Cómo está usted?

A：¿Cómo está usted?
調子はいかがですか。

B：Perfectamente, muchas gracias.
完璧ですよ、どうもありがとう。

「あまりよくありません」は No estoy muy bien.「まぁまぁです」は Así así.

---

5 お仕事はいかがですか。
¿Cómo le va el trabajo?

A：¿Cómo le va el trabajo?
お仕事はいかがですか。

B：Afortunadamente vamos bien.
幸いうまくやっています。

le「あなたに」を te「君に」に変えるとくだけた表現になる。

---

6 久しぶりですね！
¡Tanto tiempo!

A：¡Tanto tiempo!
久しぶりですね！

B：¡Es verdad! Hace mucho que no nos veíamos.
本当に！ 長い間会いませんでしたね。

1-9 お別れ

1 さようなら。
Adiós.
アディオス

A：**Ya me voy. Adiós.**
　　もう帰るわ。さようなら。

B：**Adiós. Estamos en contacto.**
　　さようなら。連絡を取り合おうね。

Estamos en contacto. は命令文や勧誘文ではないが、別れの挨拶に使われる。

---

2 じゃあまた。
Hasta luego.
アスタ　ルエゴ

A：**Hasta luego.**
　　じゃあまた。

B：**Hasta mañana.**
　　また明日。

hasta は「～まで」という意味の前置詞。Hasta + 曜日など多くの表現がある。

---

3 また会いましょう。
Nos vemos.
ノス　ベモス

A：**Ya tengo que irme. Nos vemos.**
　　もう行かなくてはなりません。また会いましょう。

B：**Cuídese. Adiós.**
　　体に気をつけてください。さようなら。

親しい間柄の相手には Cuídate.

4 うまく行くといいですね。
¡Que le vaya bien!

A : **Hoy tengo una entrevista importante.**
今日重要な面接があるのです。

B : **¡Que le vaya bien!**
うまく行くといいですね。

親しい間柄の相手には ¡Que te vaya bien!

---

5 よい週末を！
¡Que tenga buen fin de semana!

A : **Hasta la próxima semana.**
また来週。

B : **¡Que tenga buen fin de semana!**
よい週末を！

buen fin de semana「よい週末」だけでも同じ意味の挨拶となる。

---

6 ご家族によろしくお伝えください。
Saludos a su familia.

A : **Saludos a su familia.**
ご家族によろしくお伝えください。

B : **Muchas gracias.**
どうもありがとうございます。

saludos は「挨拶」。recuerdos も同義で使える。

1-10 同 意

1 はい。
Sí.
シ

A：¿Viene mañana?
明日いらっしゃいますか。

B：**Sí.** Voy.
はい、行きます。

2 いいですよ。
De acuerdo.
デ アクエルド

A：¿Puedes traer tu guitarra a la fiesta esta noche?
今夜、パーティーにギターを持って来てくれる？

B：**De acuerdo.**
いいよ。

スペインでは Vale. という表現もよく使われる。

3 分かりました。
Muy bien.
ムイ ビエン

A：¿Mañana quedamos a las cinco en la estación?
明日、駅で5時に待ち合わせましょうか。

B：**Muy bien.**
分かりました。

Está (muy) bien. や、単に Bien. だけでもよい。

4 もちろんです。
¡Claro!
クラロ

A : ¿Quieres ir a vereste teatro?
このお芝居を見に行きたい？

B : ¡Claro!
もちろん！

承諾の返事としても使われる。¡Cómo no! という言い方もある。

---

5 そう思います。
Creo que sí.
クレオ　ケ　シ

A : ¿Hay partido hoy?
今日は試合があるでしょうか。

B : Creo que sí.
そう思います。

sí を no に変えれば「そうではないと思う」。

---

6 喜んで（いたします）。
Con mucho gusto.
コン　ムチョ　グスト

A : ¿Puede ayudarme con los equipajes?
荷物を運ぶ［しまう］のを手伝ってもらえますか。

B : Con mucho gusto.
はい、喜んで。

1-11 否 定

1 いいえ。
No.

A : ¿Es usted de Madrid?
マドリードのご出身ですか。

B : **No.** Soy de Salamanca.
いいえ。サラマンカ出身です。

---

2 そうではないと思います。
Creo que no.

A : ¿Va a nevar esta tarde?
今日の午後は雪が降るでしょうか。

B : **Creo que no.**
降らないと思います。

---

3 （言っていることが）分かりません。
No lo entiendo.

A : Aquí no se puede fumar.
ここではタバコを吸ってはいけません。

B : **No lo entiendo.** ¿Podría repetirlo, por favor?
分かりません。もう一度言っていただけますか。

4 分かりません／知りません。
No sé.

A：**¿Usted sabe dónde está la oficina de correos?**
郵便局がどこにあるか知っていますか。

B：**No sé.**
分かりません。

No lo sé でもよい。口語では Ni idea. という表現も使われる。

---

5 まさか。
No me digas.

A：**Me ha tocado la lotería.**
宝くじが当たったんだ。

B：**¡No me digas!**
まさか！

丁寧に扱うべき聞き手に対しては No me diga.

---

6 その反対です。
Al contrario.

A：**Perdóname por no ayudarte mucho.**
あまり手伝えなくてごめんね。

B：**Al contrario. Gracias a tu ayuda, he podido solucionarlo.**
その反対だよ。君に助けてもらったおかげで解決できたよ。

1-12 拒否

1 できません。
No puedo.

A：¿Usted puede ir a Buenos Aires conmigo?
私と一緒にブエノス・アイレスに行ってもらえますか。

B：No puedo.
できません。

---

2 残念ですが。
Lo siento.

A：¿Por qué no vamos al cine esta noche?
今夜、映画に行きませんか。

B：Lo siento, pero no puedo. Tengo un compromiso previo.
残念ですが、いけません。先約があるのです。

Tengo una cita con el médico とすれば「診察の予約がある」となる。

---

3 そうしたいのは山々ですが…
Me gustaría, pero …

A：Quiero invitarle a cenar en mi casa hoy.
今日、あなたを我が家での夕食に招待したいのですが。

B：Me gustaría, pero hoy vienen mis suegros.
そうしたいのは山々ですが、今日は義父母が来るんです。

invitarle の le のように、直接目的格が人で男性（彼を・あなた（男性）を）の時に lo ではなく le を用いる地域がある。

4 お断りせざるを得ません。
Nos vemos obligados a rehusarlo.
（ノス ベモス オブリガドス ア レウサルロ）

A : **¿Pueden recibir este pedido?**
この注文を受けていただけますか。

B : **Lo sentimos mucho, pero nos vemos obligados a rehusarlo.**
大変残念ですが、お断りせざるを得ません。

verse obligado a + 不定詞で「～せざるを得ない」。

---

5 ダメだ［違う］ってば！
¡Que no!
（ケ ノ）

A : **¿Puedo salir esta noche con Manolo?**
今晩、マノロと出かけてもいい？

B : **¡Que no! Ya te lo he dicho.**
ダメだってば！ もう言ったでしょ。

口語表現。no を sí に変えれば肯定の強調になる。

---

6 話にならない／もってのほかだ。
Ni hablar.
（ニ アブラル）

A : **Antonio ha suspendido en este semestre también.**
アントニオは今学期も落第したわ。

B : **Ni hablar.**
話にならないな。

1-13 曖昧な返事

1 多分（そうかもしれない）。
Tal vez.

A：**¿Se acuerda de mí?**
彼女は僕のこと覚えているかな。

B：**Tal vez.**
多分ね。

Quizá(s) や A lo mejor でも同義。

---

2 さあね／どうかな。
No sé.

A：**¿Podré sacarme el carné de conducir en dos meses?**
2ヵ月で運転免許が取れるだろうか。

B：**No sé.**
さぁどうかな。

Quién sabe. も同義。

---

3 断言はできませんが…
No estoy seguro, pero …

A：**¿Dónde puedo alquilar una moto?**
どこでバイクを借りられるでしょうか。

B：**No estoy seguro, pero en la estación habrá servicio de alquiler.**
断言はできないけれど、駅にレンタルサービスがあるでしょう。

主語が女性の場合は No estoy segura.

4 考えてみます。
Ya veremos.

A：¿Quiere ir a pescar con nosotros el domingo?
日曜日に私たちとつりに行きませんか。

B：No sé si tengo que trabajar, pero ya veremos.
仕事をしなくてはいけないかもしれないけど、考えておきます。

文字通り Lo pensaré. でもよい。

---

5 約束はできない。
No te lo prometo.

A：¿Puedes venir a la fiesta del viernes?
金曜日のパーティーに来られる？

B：No te lo prometo, pero voy a intentarlo.
約束はできないけど、何とかしてみるよ。

---

6 何と言ったらよいのか分かりません。
No sé qué decir.

A：¿Vive feliz después del divorcio?
離婚のあと、彼女は幸せにやってるのかな。

B：No sé qué decir, pero espero que sí.
なんと言ったらいいのか分からないけど、そう思うよ。

No sé qué + 不定詞で「何を〜していいのか分からない」。

1-14 人体

1 頭が痛いです。
Me duele la cabeza.

A：**¿Qué le pasa?**
どうしたのですか。

B：**Me duele la cabeza.**
頭が痛いのです。

Tengo dolor de + 体の部分でも同義。

---

2 彼の髪の色は何色ですか。
¿De qué color es su pelo?

A：**¿De qué color es su pelo?**
彼の髪の色は何色ですか。

B：**Es rubio.**
金髪です。

---

3 うんざりだ。
Estoy hasta las narices.

A：**Estoy hasta las narices** de sus caprichos.
彼の気まぐれにはうんざりだ。

B：**Ya no le hagas caso.**
もう相手にするなよ。

narices は nariz「鼻」の複数形。

顔	cara	首	cuello	髪	pelo	額	frente
鼻	nariz	口	boca	あご	mandíbula		
舌	lengua	頬	mejilla	両唇	labios		
眉	ceja	歯	diente	臼歯	muela	喉	garganta

手　mano　　手首　muñeca　　指　dedo
親指　(dedo) pulgar　　　　人差し指　(dedo) índice
中指　(dedo) corazón/medio　薬指　　(dedo) anular
小指　(dedo) meñique
爪　　uña　　腕　brazo　　肩　hombro
ひじ　codo　　胸　pecho　　腹部　vientre
ウェスト　cintura　へそ　ombligo　背中　espalda
腰・ヒップ　caderas（複数形）　臀部　nalgas（複数形）/ trasero
脚　　pierna　　　もも　muslo　　ひざ　rodilla
ふくらはぎ　pantorrilla　足　pie　　かかと　talón

骨　hueso　　頭蓋骨　cráneo　　筋肉　músculo
皮膚　piel　　関節　articulación　肋骨　costilla
血　sangre　　血管　vaso sanguíneo
動脈　arteria　静脈　vena
リンパ腺　nódulo linfático　　神経　nervio

器官　órgano　　内臓　vísceras（複数形）　脳　cerebro
心臓　corazón　　肺　pulmón　　胃　estómago
肝臓　hígado　　腎臓　riñón　　小腸　intestino delgado
大腸　intestino grueso　盲腸　intestino ciego
子宮　útero　　卵巣　ovario　　陰茎　pene　　睾丸　testículo

1-15 大きさ

1 この部屋の大きさはどのくらいですか。
¿Qué dimensiones tiene esta habitación?

A : ¿Qué dimensiones tiene esta habitación?
この部屋の大きさはどのくらいですか。

B : Tiene diez metros de ancho y quince de largo.
幅 10 メートル、長さ 15 メートルです。

ancho「幅」、longitud「長さ」、profundidad「奥行き」。

2 この容器の容積はどのくらいですか。
¿Qué capacidad tiene este recipiente?

A : ¿Qué capacidad tiene este recipiente?
この箱の容積はどのくらいですか。

B : Tiene cien centímetros cúbicos.
100cc です。

「リットル」は litro、「デシリットル」は decilitro、「ミリリットル」は mililitro。

3 その箱の体積はどのくらいですか。
¿Qué volumen tiene esa caja?

A : ¿Qué volumen tiene esa caja?
その箱の体積はどのくらいですか。

B : Tiene trescientos centímetros cúbicos.
300 立方センチメートルです。

4 あなたのスーツケースの重さはどのくらいですか。
¿Cuánto pesa su maleta?
クアント ペサ ス マレタ

A：**¿Cuánto pesa su maleta?**
あなたのスーツケースの重さはどのくらいですか。

B：**Pesa unos veinte kilogramos.**
およそ 20 キロです。

「キロ (グラム)」は kilo でもよい。「グラム」は gramo。

---

5 このアパートの広さはどのくらいですか。
¿Qué dimensiones tiene este piso?
ケ ディメンシオネス ティエネ エステ ピソ

A：**¿Qué dimensiones tiene este piso?**
このアパートの広さはどのくらいですか。

B：**Tiene noventa metros cuadrados.**
90 平方メートルです。

---

6 この街の人口はどのくらいですか。
¿Qué población tiene esta ciudad?
ケ ポブラシオン ティエネ エスタ シウダ

A：**¿Qué población tiene esta ciudad?**
この街の人口はどのくらいですか。

B：**Tiene dos millones seiscientos mil habitantes.**
260 万人です。

¿Cuántos habitantes tiene ...? も同義。

2 人間関係

2-1 初対面

1 はじめまして。
Mucho gusto / Encantado[da].
ムチョ　グスト　　　エンカンタド　ダ

A：**Mucho gusto.**
　　はじめまして。

B：**Encantado.**
　　はじめまして。

男性が言う場合は Encantado、女性なら Encantada。

---

2 佐藤と申します。
Me llamo Sato.
メ　ジャモ　サトー

A：**Me llamo Sato.**
　　佐藤と申します。

B：**He oído hablar mucho de usted.**
　　お噂はかねがね伺っています。

Soy Sato. も可。B の直訳は「あなたについて話すのをよく聞きました」。

---

3 お名前は？
¿Cómo se llama usted?
コモ　セ　ジャマ　ウステ

A：**¿Cómo se llama usted?**
　　お名前は？

B：**Me llamo Rafael.**
　　ラファエルといいます。

「名前／苗字は？」は ¿Cuál es su nombre/apellido?

4 私の妻を紹介します。
Le presento a mi esposa.

A：**Le presento a mi esposa.**
　私の妻を紹介します。

B：**¡Encantada!**
　はじめまして！

Este[a] es mi ...「こちらは私の…です」という表現もある。

---

5 これが私の名刺です。
Esta es mi tarjeta (de visita).

A：**Esta es mi tarjeta.**
　これが私の名刺です。

B：**Gracias. Perdón, hoy no tengo mi tarjeta a mano.**
　ありがとうございます。すみません、今日は名刺を持っていません。

---

6 前からお目にかかりたいと思っておりました。
He querido conocerlo.

A：**He querido conocerlo.**
　前からお目にかかりたいと思っておりました。

B：**Yo también.**
　私もです。

相手が女性の場合は conocerla となる。

2-2 呼びかけ

1 すみません／失礼します。
　　Perdón.
　　(ペルドン)

A：**Perdón. ¿Cómo se va a la estación de RENFE?**
　すみません、レンフェの駅へはどういったらよいでしょうか。

B：**A ver, gire a la izquierda en la segunda esquina.**
　ええと、2つ目の角を左に曲がってください。

謝罪の言葉としても使える。RENFE はスペインの国営鉄道。

---

2 すみません。
　　Oiga.
　　(オイガ)

A：**Oiga, ¿podría traernos la carta, por favor?**
　すみません、メニューを持って来ていただけますか。

B：**Ya se la traigo.**
　すぐにお持ちします。

動詞 oír「聞く」の usted に対する命令形。¿Podría ...? は丁寧な依頼表現。

---

3 失礼します。
　　Permiso.
　　(ペルミソ)

A：**Permiso. ¿Se puede?**
　失礼します。入ってもいいでしょうか。

B：**Adelante.**
　どうぞお入りください。

Con (su) permiso. とも言う。

4 皆さん

¡Señoras y señores!
セニョラス イ セニョラス

A：**¡Señoras y señores! Vamos a subir al bote.**
皆さん！　ボートに乗り込みましょう。

B：**¿A dónde vamos primero?**
最初にどこに行くのですか。

女性だけで構成された集団には Señoras を用いる。

---

5 いいですよ。

¡Cómo no!
コモ ノ

A：**Perdón, ¿podría prestarme su bolígrafo?**
すみません、あなたのボールペンを貸してもらえるでしょうか。

B：**¡Cómo no!**
いいですよ！

Claro や Vale、De acuerdo でもよい。

---

6 ねぇ／ちょっと。

Oye.
オジェ

A：**Oye, ¿qué te parece esta camisa blanca?**
ねぇ、この白いシャツ、どう思う？

B：**Hmmm, me parece bien.**
うーん、いいんじゃない。

動詞 oír の tú に対する命令形で、親しい間柄の聞き手に対して用いる。

2-3 たずねる

1 トイレはどこですか。
¿Dónde está el servicio?

A : **¿Dónde está el servicio?**
トイレはどこですか。

B : **Está al fondo del pasillo.**
廊下のつきあたりです。

スペインでは「公衆トイレ」は aseo とも言う。

---

2 どこへ行くのですか。
¿A dónde va usted?

A : **¿A dónde va usted?**
どこへ行くのですか。

B : **Voy al banco.**
銀行に行くところです。

dónde は地点を尋ねる疑問詞で、行き先を尋ねるときは A dónde となる。

---

3 ホテルにいつ着きますか。
¿Cuándo llegamos al hotel?

A : **¿Cuándo llegamos al hotel?**
ホテルにはいつ着きますか。

B : **Llegamos en media hora.**
30分後に到着します。

en + 時間で「〜分後に」。

4 朝食は何時からですか。
¿Desde qué hora podemos desayunar?
_{デスデ ケ オラ ポデモス デサジュナル}

A : **¿Desde qué hora podemos desayunar?**
朝食は何時からですか。

B : **Desde las siete.**
7時からです。

---

5 これは何ですか。
¿Qué es esto?
_{ケ エス エスト}

A : **¿Qué es esto?**
これは何ですか。

B : **Es un abanico japonés.**
日本の扇子です。

内容の分からないものには中性形 esto「これ」、eso「それ」、aquello「あれ」を使う。

---

6 教えていただけますか。
¿Podría decirme …?
_{ポドリア デシルメ}

A : **¿Podría decirme dónde está la Embajada del Japón?**
日本大使館はどこにあるか教えていただけますか。

B : **Está en la calle Serrano.**
セラノ通りにあります。

¿Sabe usted …?「ご存知ですか」という表現も同義で使用できる。

2-4 話のきっかけ

1 （君は）どの季節が好き？
¿Qué estación te gusta?
ケ エスタシオン テ グスタ

A：**¿Qué estación te gusta?**
どの季節が好き？

B：**Me gusta más la primavera.**
春が一番好きだわ。

丁寧に尋ねるなら te を le に変える。

---

2 今日、バレンシアではどんな天気ですか。
¿Qué tiempo hace hoy en Valencia?
ケ ティエンポ アセ オイ エン バレンシア

A：**¿Qué tiempo hace hoy en Valencia?**
今日、バレンシアではどんな天気ですか。

B：**Está nublado.**
曇り空です。

「暑い／寒い」は Hace frío/calor.

---

3 今日はいい天気ですね。
Hace buen tiempo hoy.
アセ ブエン ティエンポ オイ

A：**Hace buen tiempo hoy.**
今日はいい天気ですね。

B：**Sí, es un veranillo.**
ええ、小春日和です。

「天気が悪い」は Hace mal tiempo、「雨が降っている」は Está lloviendo.

4 ご家族は何人ですか。
¿Cuántos son en su familia?
クアントス　ソン　エン　ス　ファミリア

A：**¿Cuántos son en su familia?**
ご家族は何人ですか。

B：**Somos cinco. Mi esposa, un hijo y dos hijas.**
5人です。妻と息子、娘が2人です。

---

5 どこに泊まっているのですか。
¿Dónde se aloja usted?
ドンデ　セ　アロハ　ウステ

A：**¿Dónde se aloja usted?**
どこに泊まっているのですか。

B：**Me alojo en el Hotel Gran Vía.**
グラン・ビアホテルです。

---

6 仕事は何をされているのですか。
¿A qué se dedica usted?
ア　ケ　セ　デディカ　ウステ

A：**¿A qué se dedica usted?**
仕事は何をされているのですか。

B：**Soy arquitecta.**
建築技師です。

男性の建築技師なら arquitecto。

2-5 頼みごと

1 窓を開けていただけますか。
¿Puede usted abrir la ventana?

A : **¿Puede usted abrir la ventana?**
窓を開けていただけますか。

B : **¡Claro!**
もちろんです！

por favor をつけたり、puede を podría に変えたりするとより丁寧。

---

2 〜していただけますでしょうか。
¿Me podría hacer el favor de ...?

A : **¿Me podría hacer el favor de cambiar la cita?**
面会の約束を変更していただけますでしょうか。

B : **Sí, está bien.**
はい、いいですよ。

hacer el favor de + 不定詞 a + 人は「人に〜してあげる」。

---

3 時刻を教えてもらえますか。
¿Puede decirme la hora?

A : **Perdón. ¿Puede decirme la hora?**
すみません。時刻を教えてもらえますか。

B : **Son las tres y pico.**
3時ちょっとすぎです。

依頼表現では Puede を Quiere に代えてもよいが、puede の方が一般的。

4 できるだけ早いお返事をお願い申し上げます。
Le ruego que me responda cuanto antes.

A：¿Hasta cuándo tengo que responder a su carta?
いつまでにお返事しなければならないでしょうか。

B：Le ruego que me responda cuanto antes.
できるだけ早いお返事をお願い申し上げます。

ruego (<rogar) は「懇願する」。que 節には接続法を用いる。

---

5 君の住所を教えてくれる？
¿Me das tu dirección?

A：¿Puedes venir hasta mi casa?
僕の家まで来られる？

B：Creo que sí. ¿Me das tu dirección?
行けると思うよ。君の住所を教えてくれる？

親しい間柄では poder を使わない疑問文も依頼文になる。dar は「与える」。

---

6 ロペスさんとお話したいのですが。
Me gustaría hablar con el señor López.

A：Me gustaría hablar con el señor López.
ロペスさんとお話ししたいのですが。

B：Espere un momento. Ya lo llamamos.
少しお待ちください。すぐにお呼びします。

Me gustaría の代わりに Quisiera や Quería などを使ってもよい。

2-6 感　謝

1 ありがとう。
Gracias.

A：**Te he traído helado.**
アイスクリームをもってきたよ。

B：**¡Gracias!**
ありがとう！

Muchas を前に入れるとより強い謝辞となる。

---

2 色々と本当にありがとうございます。
Muchas gracias por todo.

A：**Espero que lo haya pasado muy bien con nosotros.**
あなたが我々と楽しく過ごせたならいいのですが。

B：**Muchas gracias por todo.**
色々と本当にありがとうございます。

Gracias por su amabilidad / su llamada.「ご親切／お電話に感謝します」。

---

3 ご協力に大変感謝しております。
Estoy muy agradecido por su colaboración.

A：**Me alegro mucho de su éxito en el proyecto.**
プロジェクトが成功に終わってとてもよかったですね。

B：**Estoy muy agradecido por su colaboración.**
ご協力に大変感謝しております。

女性が言う場合は agradecida となる。

4 どういたしまして。
De nada.

A : **¡Muchas gracias!**
どうもありがとう！

B : **De nada.**
どういたしまして。

No hay de qué. や Nada de gracias. なども同義。

---

5 こちらこそ。
A usted.

A : **Le agradezco mucho darme su tiempo.**
お時間をいただき感謝しています。

B : **A usted. Me alegro mucho de haber hablado con usted.**
こちらこそ。あなたとお話しできて大変嬉しく思います。

親しい間柄の人に対しては A ti. となる。

---

6 いいえ、結構です。
No, gracias.

A : **¿Quiere más café?**
もう少しコーヒーをいかがですか？

B : **No, gracias.**
いいえ、結構です。

2-7 お詫び

1 すみません／ごめんなさい。
Perdón.
（ペルドン）

A：**¿Me has devuelto el libro?**
本、返してくれたっけ？

B：**Ay, perdón. Mañana voy a traértelo.**
ああ、ごめん。明日持って来るよ。

丁寧な文脈でも使える。呼びかけの表現としても使用される。

---

2 （大変）申し訳ありません。
Lo siento（mucho）.
（ロ シエント ムチョ）

A：**Lo siento mucho por haber llegado tarde.**
遅刻してしまって大変申し訳ありません。

B：**Procura salir de casa más temprano.**
もっと早く家を出るようにしなさい。

por の後ろにお詫びの内容を名詞や動詞原形の形で入れる。

---

3 お許しください。
Perdone. / Disculpe.
（ペルドネ ディスクルペ）

A：**Disculpe mi descuido.**
私の不注意を許してください。

B：**No se preocupe.**
心配しないでください。

perdonar と disculpar「許す」の usted に対する命令形。

4 ご迷惑をおかけしたことをお詫びいたします。
Le pido perdón por la molestia.

A : **Le pido perdón por la molestia.**
ご迷惑をおかけしたことをお詫びいたします。

B : **No me lo pida, por favor.**
そんなこと言わないでください。

perdón「許し」の代わりに同じ意味の disculpas でもよい。

---

5 ご容赦ください。
Le presento mis excusas.

A : **Me han llegado diez cartas del mismo contenido.**
同じ内容の手紙が 10 通も来たのですが。

B : **Habría algunos errores. Le presento mis excusas.**
何らかの間違いがあったのかもしれません。ご容赦ください。

excusa には「弁解」という意味もあるが、複数形では「陳謝」を意味する。

---

6 なんでもありません。
No pasa nada.

A : **¡Ay, perdón!**
ああ、ごめんなさい！

B : **No pasa nada.**
なんでもありませんよ。

No pasa nada. の直訳は「何も起きていない」。

2-8 不調

1 体調が悪いです。
Estoy mal.

A：**¿Qué te pasa? Estás pálido.**
どうしたの？　顔色が悪いよ。

B：**Estoy mal.**
体調が悪いの。

mal は「体調がよい」bien と同じく副詞なので、性数不変。

---

2 気分が悪いです。
Me siento mal.

A：**Me siento mal.**
気分が悪いです。

B：**Vaya al hotel enseguida. ¿La acompaño?**
すぐにホテルに戻ってください。付き添いましょうか？

Me siento cansado[da]. なら「疲れている」。

---

3 頭が痛い。
Tengo dolor de cabeza.

A：**Tengo dolor de cabeza.**
頭が痛いです。

B：**¿Quiere una aspirina?**
アスピリンが欲しいですか。

Me duele la cabeza. とも言う。

4 熱があるんだ。
Tengo fiebre.

A : **Te veo muy mal.**
とても体調が悪そうね。

B : **Tengo fiebre.**
熱があるんだ。

Tengo tos/diarrea/vértigo.「咳が出る」「下痢をしている」「めまいがする」。

---

5 彼は入院しています。
Está hospitalizado.

A : **Me han contado que tu jefe está enfermo.**
君の上司は病気をしているらしいね。

B : **Sí, está hospitalizado desde hace una semana.**
そうなんだ、1週間前から入院してるんだ。

estar en el hospital とも言える。「入院する」は ingresar en el hospital。

---

6 なんてついてないんだろう！
¡Qué mala suerte!

A : **¡Qué mala suerte! Me han robado la bicicleta.**
なんてついてないんだろう！　自転車を盗まれたよ。

B : **¡Qué desgracia! Pero mañana será otro día.**
全く災難ね！　でも明日には好転するわよ。

¡Qué +（形容詞 +）名詞！で感嘆文になる。

2-9 お祝い・励まし

1 誕生日おめでとう！
¡Feliz cumpleaños!

A：**¡Feliz cumpleaños!**
誕生日おめでとう！

B：**Muchas gracias.**
どうもありがとう。

誕生日・新年・クリスマスなどには Felicidades (por ...). とも言う。

---

2 ご成功、おめでとうございます。
Enhorabuena por su éxito.

A：**Enhorabuena por su éxito.**
ご成功、おめでとうございます。

B：**Muchísimas gracias.**
どうもありがとうございます。

成功・昇進・結婚などに対しては Enhorabuena か Felicitaciones。

---

3 明けましておめでとうございます。
¡Feliz Año Nuevo!

A：**¡Feliz Año Nuevo!**
明けましておめでとうございます。

B：**¡Feliz Año Nuevo! Espero que se cumplan todos sus deseos.**
明けましておめでとう。あなたの望みが全てかないますように。

「メリークリスマス」は ¡Feliz Navidad!

4 ご成功をお祈りします。
¡Que tenga mucho éxito!
<small>ケ　テンガ　ムチョ　エクシト</small>

A : **Estoy preparando un nuevo proyecto.**
新しいプロジェクトの準備をしています。

B : **¡Que tenga mucho éxito!**
ご成功をお祈りしています。

¡Que tenga …! で「あなたが〜を持てるようお祈りします」。

---

5 早くよくなってください。
¡Que se mejore muy pronto!
<small>ケ　セ　メホレ　ムイ　プロント</small>

A : **¡Que se mejore muy pronto!**
早くよくなってください。

B : **Gracias. Tenga mucho cuidado con su salud.**
ありがとうございます。健康に気をつけてください。

Que + 接続法現在活用は願望文。

---

6 がんばって！
¡Ánimo!
<small>アニモ</small>

A : **Mañana tengo un examen, así que tengo que estudiar mucho.**
明日試験があるから、しっかり勉強しなくちゃ。

B : **¡Ánimo! Seguramente te irá muy bien.**
がんばって！　きっとうまくいくよ。

¡Mucha suerte! 「幸運を祈っています」もよく使われる励ましの言葉。

2-10 慰め・お悔やみ

1 お気の毒に。
Lo siento mucho.

A：**Tuve que cancelar mi viaje por varios problemas.**
色々な問題で旅行をキャンセルしなくてはなりませんでした。

B：**Lo siento mucho. Sé que lo habías esperado tanto.**
お気の毒に。あんなに楽しみにしていたのに。

「大変申し訳ありません」という意味でも使われる。

---

2 かわいそうに。
¡Qué pena!

A：**Le presté mi ordenador y me lo devolvió roto.**
彼にパソコンを貸したら、壊れて帰ってきたんだ。

B：**¡Qué pena! Tiene que comprarte uno nuevo.**
かわいそうに！ 彼は君に新しいのを買うべきだ。

---

3 元気を出して！
¡Arriba esos corazones!

A：**No me han ido muy bien los exámenes.**
試験があまりうまくいかなかったんだ。

B：**¡Arriba esos corazones! Estudia más para los próximos.**
元気を出して！ 次の試験のためにもっと勉強しなさい。

corazones の代わりに ánimos でも同義。

4 そんなにがっかりしないでください。

No se decepcione tanto.

A : **Debido al mal tiempo, nos han cancelado la excursión.**
悪天候のせいで、ツアーが取りやめになってしまった。

B : **No se decepcione tanto.**
そんなにがっかりしないでください。

否定命令文では主語に関わらず動詞は接続法現在形になる。

---

5 君のせいじゃない。

No es culpa tuya.

A : **Lo siento mucho por el fallo.**
失敗してしまって申し訳ない。

B : **No es culpa tuya. No te preocupes.**
君のせいじゃないよ。心配しないで。

動詞 sentirse を使って No te sientas culpable.「責任を感じないで」でもよい。

---

6 心からお悔やみ申し上げます。

Le presento mi más sentido pésame.

A : **Le presento mi más sentido pésame.**
心からお悔やみ申し上げます。

B : **Muchas gracias por venir.**
来てくださってどうもありがとうございます。

pésame は「悔やみ、追悼（の言葉）」。

2-11 友人関係

1 いつ会おうか？
¿Cuándo nos vemos?

A : **¿Cuándo nos vemos?**
いつ会おうか？

B : **Pues, ¿qué tal el sábado?**
そうだね、土曜日はどうかな。

主語が nosotros「我々は」になっているので、丁寧な会話でも使用できる。

---

2 何時に待ち合わせようか。
¿A qué hora quedamos?

A : **¿A qué hora quedamos?**
何時に待ち合わせようか。

B : **A las seis, a la puerta del cine.**
6時に映画館の入り口で。

quedar は「待ち合わせをする」。時刻は1時台のみ単数形で a la una (y ...)。

---

3 うちに遊びに来ない？
¿Por qué no vienes a mi casa?

A : **¿Por qué no vienes a mi casa este fin de semana?**
今週末うちに遊びにこない？

B : **Gracias, pero no puedo.**
ありがとう、でも無理なの。

por qué は本来、理由を尋ねる疑問表現「なぜ」だが、否定文で勧誘に使える。

4 〜しよう。
Vamos a 〜 .
(バモス ア)

A：**Vamos a** salir de compras.
買い物に出かけよう。

B：¡De acuerdo!
いいよ！

Vamos a + 不定詞で勧誘表現。

---

5 ビールを1杯ごちそうするよ。
Te invito a una caña.
(テ インビト ア ウナ カニャ)

A：¿Tomamos algo? **Te invito a una caña.**
何か飲もうか？ ビールを1杯ごちそうするよ。

B：Gracias.
ありがとう。

caña はグラスで出てくる「生ビール」。

---

6 どうしたの／言ってごらん。
Dime.
(ディメ)

A：Oye, tengo una pregunta.
ねぇ、質問があるんだ。

B：**Dime.**
どうしたの。

直訳は「私に言いなさい」という意味の命令文。

2-12 恋愛関係

1 映画に行こう。
Vamos al cine.

A：**¿Qué vas a hacer esta noche? Si quieres, vamos al cine.**
今晩何をするつもり？ よかったら、映画に行こう。

B：**Me parece buena idea.**
いい考えね。

si quieres は直訳すると「もし君が望むなら」という意味。

---

2 君の行きたがっていたレストランを予約してあるんだ。
He reservado el restaurante al que querías ir.

A：**¿A dónde vamos?**
どこに行くの？

B：**He reservado el restaurante al que querías ir.**
君の行きたがっていたレストランを予約してあるんだ。

he reservado は haber の現在形 + 過去分詞で表される現在完了形。

---

3 そのシャツ、とても似合ってる。
Te sienta muy bien esa camisa.

A：**Te sienta muy bien esa camisa.**
そのシャツ、とても似合ってる。

B：**¿Sí? ¿Te gusta?**
そう？ 気に入った？

sienta (<sentar) の代わりに、queda (<quedar) や cae (<caer) でもよい。

4 結婚しているの？
¿Estás casado[da]?
（エスタス カサド ダ）

A: ¿Estás casada?
結婚しているの？

B: No, pero tengo novio.
いいえ、でも恋人がいるわ。

相手が男性なら casado、女性なら casada。

---

5 ラウルととても親しくしています。
Salgo mucho con Raúl.
（サルゴ ムチョ コン ラウル）

A: Últimamente salgo mucho con Raúl.
最近ラウルととても親しくしています。

B: Ay, no lo sabía.
あら、知りませんでした。

salir は様々な意味を持つが、ここでは「でかける」という意味。

---

6 君を心から愛しています。
Te quiero con todo mi corazón.
（テ キエロ コン トド ミ コラソン）

A: Te quiero con todo mi corazón.
心から愛しています。

B: Yo también.
私もです。

こういう場合には gustar は使わない。

2-13 言いわけ

1 うっかり間違ってしまいました。
Me equivoqué por descuido.

A：**Me dio unos papeles equivocados.**
間違った書類をいただきましたが。

B：**Lo siento mucho. Me equivoqué por descuido.**
大変申し訳ありません。うっかり間違ってしまいました。

por descuido は「不注意にも」。「悪気なく」は sin querer。

---

2 もう行かなくてはなりません。
Tengo que irme ya.

A：**Quería hablar con usted sobre este asunto.**
この件についてあなたとお話ししたいのですが。

B：**Perdone. Ahora no puedo, que tengo que irme ya.**
すみません。今は無理です。もう行かなくてはなりません。

irme (irse) は「立ち去る」。最後の文に前置する que は軽い理由を示す。

---

3 〜（という訳）なのです。
Es que ...

A：**¿Por qué no lo ha terminado?**
なぜそれを終えられていないのですか。

B：**Es que tenía que atender a muchos clientes y no me dio tiempo.**
多くのお客さんに応対せねばならず、時間がなかったのです。

4 言い訳無用！
¡Nada de excusas!
ナダ デ エスクサス

A : **Perdóname por llegar tarde. Es que el tren llegó tarde ...**
遅くなってごめんね。電車が遅れてしまって……

B : **¡Nada de excusas! Y se ha ido tu jefe.**
言い訳無用！　もう君の上司は帰っちゃったよ。

5 言い訳しないで。
No pongas pretextos.
ノ ポンガス プレテストス

A : **No sabía que viniera su ex-novio. Y además ...**
彼女の前の恋人が来るなんて知らなかった。それに……

B : **No pongas pretextos.**
言い訳しないで。

否定命令文を使った表現。No des excusas / explicaciones. とも言う。

6 もう分かったよ。
Ya, ya.
ジャ ジャ

A : **No quería molestarte, pero ...**
君に迷惑をかけたくなかった、でも……

B : **Ya, ya.**
もう分かったよ。

ya は「もうすでに」という意味でよく使われるだが、了解を表すこともできる。

2-14 意向をたずねる

1 お手伝いしましょうか。
¿Quiere que lo ayude?

A：**¿Quiere que lo ayude?**
お手伝いしましょうか。

B：**Sí, por favor.**
はい、お願いします。

女性に尋ねるときは lo を la にかえる。

---

2 グラナダの町をどう思われますか。
¿Qué le parece la ciudad de Granada?

A：**¿Qué le parece la ciudad de Granada?**
グラナダの町をどう思われますか。

B：**Me parece muy bonita y muy histórica.**
とてもきれいで、歴史的ですね。

parecer は「見える、思われる」。答えの形容詞は対象を表す語に性数一致。

---

3 スープはどう？
¿Qué tal está la sopa?

A：**¿Qué tal está la sopa?**
スープはどう？

B：**Está un poco salada.**
ちょっとしょっぱいな。

un poco「少し」、muy「とても」、no ～ muy「あまり～ない」。

4 〜についてはどうお考えですか。
¿Qué piensa usted de ...?

A : **¿Qué piensa usted de esto?**
これについてはどうお考えですか。

B : **Pienso que tenemos que cambiar de idea.**
我々は考えを変えるべきだと考えます。

日本語では「どう」という疑問詞を使うが、スペイン語では qué「何」。

---

5 〜についてどういうご意見ですか？
¿Qué opina usted sobre ...?

A : **¿Qué opina usted sobre los anuncios de televisión?**
テレビコマーシャルについてどういうご意見ですか。

B : **Me parece que tendrían que disminuir el número.**
数を減らすべきだろうと思います。

名詞 opinión を使って ¿Cuál es su opinión sobre ...? も同義。

---

6 〜について何かご存知ですか。
¿Sabe usted algo de ...?

A : **¿Sabe usted algo de la reunión de este viernes?**
今週金曜日の会議について何かご存知ですか。

B : **No, no sé nada.**
いいえ、何も知りません。

2-15 驚きの表現

1 びっくりだ！
¡Qué sorpresa!

A：**Es un regalo para ti.**
君にプレゼントだよ。

B：**¡Qué sorpresa! ¡Muchas gracias!**
びっくりだ！ どうもありがとう！！

sorpresaは「驚き」。¡Qué + 名詞!の感嘆文。

---

2 なんてことだ！／おやまぁ！
¡Dios mío!

A：**Anoche entraron los ladrones en la casa de mi vecina.**
昨日の晩、隣の家に泥棒が入ったんだ。

B：**¡Dios mío!**
なんてことだ！

Dios「神」を使った驚きの表現は他にも ¡Dios santo! など。

---

3 まさかそんなことは考えられない。
¡Quién lo hubiera pensado!

A：**Su hijo se casó con una italiana que había conocido en su viaje.**
彼の息子は旅先で知り合ったイタリア人と結婚したんだって。

B：**¡Quién lo hubiera pensado!**
まさかそんなことは考えられないよね。

直訳は「誰がそれを考えられただろうか」という反実仮想文。

4 とんでもない！
¡Qué va!

A : **Eres un genio, que has ganado las oposiciones de diplomático.**
外交官採用試験に通ったなんて、君って天才だね。

B : **¡Qué va!**
とんでもない！

---

5 信じられない！
¡No me lo puedo creer!

A : **Me dicen que hoy ya no hay tren.**
今日はもう電車はないらしい。

B : **¡No me lo puedo creer!**
信じられない！

---

6 とても変ですね。
¡Qué extraño!

A : **Todavía no ha vuelto Inés.**
イネスがまだ戻ってこない。

B : **¡Qué extraño!**
とても変ですね。

extraño を raro にかえてもよい。

3

日常生活

3-1 乗り物

🔴 31

1 どこでお降りになりますか。
¿Dónde baja usted?

A：**¿Dónde baja usted?**
どこでお降りになりますか。

B：**Bajo en la próxima estación.**
次の駅で降ります。

2 （ここから）２つ目の駅です。
Está a dos estaciones más.

A：**¿Está lejos la estación de Osaka?**
大阪駅は遠いですか。

B：**Está a dos estaciones más.**
いいえ、（ここから）２つ目の駅です。

「ここから３キロ先にあります」は Está a tres kilómetros de aquí.

3 切符は到着駅まで持っていて下さい。
Guarde su billete hasta salir de la estación de destino.

A：**Guarde su billete hasta salir de la estación de destino.**
切符は到着駅まで持っていて下さい。

B：**¿Hay revisión de billete?**
検札があるのですか。

billete は「切符」、「回数券」は bono。

66

4 約~かかります。
Se tarda aproximadamente ...

A：**¿Cuánto tiempo se tarda desde Tokio hasta Kioto en tren bala?**
東京から京都まで新幹線でどのくらいかかりますか。

B：**Se tarda aproximadamente dos horas y media.**
約2時間半かかります。

交通手段は「前置詞 en + 無冠詞の名詞」で表す。「歩いて」は a pie。

---

5 もうすぐ左に富士山が見えます。
Dentro de poco se ve el Monte Fuji a la izquierda.

A：**Dentro de poco se ve el Monte Fuji a la izquierda.**
列車の進行方向に向かって左側に富士山が見えます。

B：**¡Ojalá que haga buen tiempo para que se vea bonito!**
きれいに見えるように天気がよければいいなぁ！

a la izquierda「左に」、a la derecha「右に」。

---

6 マラガまで往復切符を2枚下さい。
Dos billetes de ida y vuelta para Málaga, por favor.

A：**Dos billetes de ida y vuelta para Málaga, por favor.**
マラガまで往復切符を2枚下さい。

B：**¿De preferente o de turista?**
1等ですか、2等ですか。

Talgo や AVE など長距離鉄道では、座席が等級分けされている。

3-2 買い物

1 あのブーツを試着できますか。
¿Puedo probarme aquellas botas?

A：**¿Puedo probarme aquellas botas?**
あのブーツを試着できますか。

B：**Claro. Ya se las traigo.**
もちろん。すぐに持ってきます。

¿Puedo + 動詞不定詞？で「〜できますか／してもいいですか」。

---

2 見ているだけです。
Sólo estoy mirando.

A：**¿Qué busca usted?**
何かお探しですか。

B：**Sólo estoy mirando. Gracias.**
見ているだけです。ありがとう。

スペインでは初対面でも tú が用いられることがある。

---

3 これにします。
Me quedo con este.

A：**¿Qué tal este jersey?**
このセーターはどうですか。

B：**Me gusta. Me quedo con este.**
気に入りました。これにします。

ここでは jersey が男性名詞なので este。女性名詞なら esta。

4 エル・パイスはありますか。
¿Tiene El País?

A：**¿Tiene El País?**
エル・パイスはありますか。

B：**Acaban de llevarse el último.**
最後の1冊が売り切れたところです。

tiene は tener「持っている」の現在形。acabar de ~ は「~したところだ」。

---

5 おいくらですか。
¿Cuánto cuesta?

A：**¿Cuánto cuesta aquel bolso?**
あのバッグはいくらですか。

B：**Cuesta cincuenta y cinco euros.**
55ユーロです。

複数のものについてなら ¿Cuánto cuestan? となる。

---

6 スーパーは何時に開きますか。
¿A qué hora abre el supermercado?

A：**¿A qué hora abre el supermercado?**
スーパーは何時に開きますか。

B：**Abre a las nueve y media.**
9時半に開きます。

「何時に閉まりますか」は ¿A qué hora cierra?

3-3 電話

1 もしもし。
Oiga / Diga.
(オイガ / ディガ)

A: **Oiga.**
もしもし。

B: **Diga. ¿Con quién hablo?**
もしもし。どちらさまですか。

電話をかける方は Oiga. 取る方は Diga.

---

2 日本大使館ですか。
¿Es la Embajada del Japón?
(エス ラ エンバハダ デル ハポン)

A: **¿Es la Embajada del Japón?**
日本大使館ですか。

B: **No, usted se ha equivocado.**
いいえ、違います。

答えの Usted se ha equivocado. は直訳すると「あなたは間違えました」。

---

3 ゴンサレスさんをお願いできますか。
¿Puede ponerme con el señor González?
(プエデ ポネルメ コン エル セニョル ゴンサレス)

A: **Oiga, ¿puede ponerme con el señor González?**
もしもし、ゴンザレスさんをお願いできますか。

B: **Sí, un momento, por favor.**
はい、少々お待ちください。

poner a + 人 con ... で「人を〜につなぐ」。

4 私ですが。
Soy yo.

A : **Quisiera hablar con la señora Rodríguez.**
ロドリゲスさんとお話ししたいのですが。

B : **Soy yo.**
私ですが。

---

5 彼女は今、他の電話に出ております。
Está hablando en este momento por otra línea.

A : **¿Podría hablar con la directora?**
所長とお話しできるでしょうか。

B : **Perdone. Está hablando en este momento por otra línea.**
すみません。彼女は今、他の電話に出ております。

línea は「電話回線」。

---

6 三浦から電話があったとお伝えください。
Dígale que lo ha llamado Miura.

A : **¿Quiere dejar algún recado?**
何か伝言を残されますか。

B : **Dígale que lo ha llamado Miura.**
三浦から電話があったとお伝えください。

かけた相手が女性であれば ... la ha llamado. となる。

3-4 たずねる

1 英語が話せますか。
¿Puede hablar inglés?

A：**¿Puede hablar inglés?**
英語が話せますか。

B：**Sí, un poco.**
はい、少し。

¿Puede ...? の代わりに ¿Sabe ...? でもよい。

---

2 スペイン語がうまく話せません。
No hablo español muy bien.

A：**No hablo español muy bien.**
スペイン語がうまく話せません。

B：**Pero pronuncia muy bien.**
でも発音はお上手ですよ。

---

3 日本語では何と呼ばれていますか。
¿Cómo se llama en japonés?

A：**¿Cómo se llama esta flor en japonés?**
この花は日本語では何と呼ばれていますか。

B：**Se llama "sakura".**
「桜」と言います。

「何と言いますか」は ¿Cómo se dice?

4 何とおっしゃいましたか。
¿Cómo? / ¿Cómo dice?

A：**¿Cómo dice?**
何とおっしゃいましたか。

B：**Le he dicho que tenemos que buscar un taxi.**
タクシーを探さねばならない、と言ったのです。

¿Cómo? だけでもよい。

---

5 私の言うことが分かる？
¿Me entiendes?

A：**¿Me entiendes? Tal vez estoy hablando muy rápido.**
私の言うことが分かる？　多分とても早口で話しているよね。

B：**No te preocupes. Te entiendo.**
大丈夫。分かるよ。

explicarse「(考えをうまく)表現する」を使って ¿Me explico? もよい。

---

6 もう一度言って下さいますか。
¿Puede usted repetirlo, por favor?

A：**¿Puede usted repetirlo, por favor?**
もう一度言ってくださいますか。

B：**Sí, claro.**
ええ、もちろんです。

Otra vez, por favor. でもよい。¿Podría ...? にするとより丁寧。

3-5 起床・睡眠

1 眠たい。
Tengo sueño.

A : Anoche trabajaste hasta muy tarde, ¿no?
昨晩はとても遅くまで仕事をしていたんでしょ？

B : **Sí. Tengo sueño.**
そうなんだ。眠いよ。

「とても眠い」は Tengo mucho sueño.

---

2 寝過ごしたんだ。
Se me han pegado las sábanas.

A : Hoy has llegado tarde a la primera clase.
今日は1時間目の授業に遅刻したね。

B : **Sí. Se me han pegado las sábanas.**
うん。寝過ごしたんだ。

pegársele（a + 人）las sábanas「寝過ごす」。sábanas は「シーツ」。

---

3 6時に起こしてください。
Despiérteme a las seis.

A : ¿A qué hora la despierto mañana?
何時に起こしましょうか。

B : **Despiérteme a las seis.**
6時に起こしてください。

男性に尋ねるなら ¿A qué hora lo despierto?

4 昨晩はよく眠れましたか。
¿Ha dormido bien anoche?

A：¿Ha dormido bien anoche?
昨晩はよく眠れましたか。

B：Sí, gracias.
はい、おかげさまで。

5 ふだんは5時に起きます。
Normalmente me levanto a las cinco.

A：Normalmente me levanto a las cinco.
ふだんは5時に起きます。

B：¡Qué madrugador es!
なんて早起きなんでしょう！

levantarse は「体を起こす」、despertarse は「目覚める」。

6 もう寝ます。
Ya me voy a la cama.

A：Ya me voy a la cama.
もう寝ます。

B：Buenas noches. ¡Que duermas!
お休み、よく眠ってね。

直訳は「私はベッドに行く」。「寝る、横になる」は acostarse。

3-6 食事・パーティー

🎧36

1 どうぞお召し上がりください。
Sírvanse, por favor.
シルバンセ　ポル　ファボル

A : **Sírvanse, por favor.**
どうぞお召し上がりください。

B : **¡Qué buena pinta tiene este pollo asado!**
このローストチキン、なんて美味しそうなんでしょう！

servirse は「(自分に食べ物を)取り分ける」。

---

2 おくつろぎください。
Póngase cómodo.
ポンガセ　　コモド

A : **Muchas gracias por invitarme.**
お招きありがとうございます。

B : **Muchas gracias por venir. Póngase cómodo.**
来てくださってありがとうございます。おくつろぎください。

形容詞 cómodo「くつろいだ」は主語の性数に一致させる。

---

3 何を飲まれますか。
¿Qué quiere tomar?
ケ　キエレ　トマル

A : **¿Qué quiere tomar? ¿Cerveza? ¿Vino?**
何を飲まれますか。ビール？　ワイン？

B : **Una cerveza, por favor.**
ビールをお願いします。

4 コーヒーはいかがですか。
¿Le apetece un café?

A：**¿Le apetece un café?**
コーヒーはいかがですか。

B：**Sí, gracias.**
はい、いただきます。

apetecer は「欲しい気持ちにさせる」という意味で、事物が主語になる。

---

5 タバコを吸ってもいいですか。
¿Puedo fumar?

A：**¿Puedo fumar?**
タバコを吸ってもいいですか。

B：**Sí. Adelante.**
ええ。どうぞ。

---

6 このケーキ、とてもおいしい。
Este pastel está muy rico.

A：**Este pastel está muy rico.**
このケーキ、とてもおいしい。

B：**¿Te gusta? Lo ha hecho mi hija.**
気に入った？ 娘が作ったのよ。

「おいしい」は sabroso, delicioso, bueno でもよい。

3-7 天気

1 今日はとてもいい天気だ。
Hace muy buen tiempo hoy.

A : **Hace muy buen tiempo hoy.**
今日はとてもいい天気だわ。

B : **Sí. ¡Vamos a salir!**
そうだね。出かけよう！

2 天気予報はどうですか。
¿Qué dice el pronóstico del tiempo?

A : **¿Qué dice el pronóstico del tiempo?**
天気予報はどうですか。

B : **Dice que va a llover esta noche.**
今夜は雨が降るそうです。

3 日に日に涼しくなっていく。
Cada día va haciendo más fresco.

A : **Cada día va haciendo más fresco.**
日に日に涼しくなっていくね。

B : **Sí, ya estamos en otoño.**
そうだね、もう秋だね。

ir + 現在分詞で「だんだん〜していく」。

4 気温が 30 度まで上がります。
La temperatura subirá a treinta grados.

A：**¿Qué tiempo hará mañana?**
明日の天気はどうなんでしょうか。

B：**Dicen que la temperatura subirá a treinta grados.**
気温が 30 度まで上がるそうです。

今後の天気はふつう未来形で表す。「5 度下がる」は Bajará cinco grados.

---

5 雨は止んだ。
Ha dejado de llover.

A：**¿Tengo que salir con paraguas?**
カサをもって出かけるべきかな？

B：**Parece que no. Ha dejado de llover.**
いらないみたいだよ。雨は止んだよ。

---

6 大阪よりも雪が多いです。
Nieva más que en Osaka.

A：**Esta semana ha nevado mucho.**
今週はよく雪が降りましたね。

B：**Sí. En esta zona nieva más que en Osaka.**
そうですね。この地域は大阪よりも雪が多いのです。

3-8 コンピュータ・インターネット

1 ノートパソコンを1台買いたい。
Quiero comprar un ordenador portátil.

A：**Quiero comprar un ordenador portátil.**
ノートパソコンを1台買いたい。

B：**¿También necesitas una impresora?**
プリンターも必要？

デスクトップパソコンは ordenador de escritorio。

---

2 このハードディスクは何ギガバイトですか。
¿De cuántos gigabytes es este disco duro?

A：**¿De cuántos gigabytes es este disco duro?**
このハードディスクは何ギガバイトですか。

B：**Es de seiscientos cuarenta.**
640 です。

---

3 このプログラムをインストールしなさい。
Instale este programa.

A：**¿Qué puedo hacer para que mi ordenador sea más rápido?**
私のパソコンがもっと速くなるように何をしたらよいでしょうか。

B：**Instale este programa.**
このプログラムをインストールしなさい。

「アップデート・バージョンアップする」は actualizar。

4 部屋でインターネットに接続できますか。
¿Se puede conectar con Internet en la habitación?

A : ¿Se puede conectar con Internet en la habitación?
部屋でインターネットに接続できますか。

B : Sí, claro.
はい、もちろんです。

Internet は英語からの借用語で文法上の性にはゆれがある。

---

5 この近くにどこかインターネットカフェはありますか。
¿Hay algún cibercafé cerca de aquí?

A : ¿Hay algún cibercafé cerca de aquí?
この近くにどこかインターネットカフェはありますか。

B : Sí, hay uno en la plaza.
はい、広場にひとつあります。

「E メール」e-mail, correo electrónico、「ホームページ」página web。

---

6 どこからこのファイルをダウンロードできますか。
¿De dónde se puede bajar este archivo?

A : ¿De dónde se puede bajar este archivo?
どこからこのファイルをダウンロードできますか。

B : Acceda a este sitio de Internet.
このサイトにアクセスしてください。

acceder a …「～にアクセスする」、navegar「ネットサーフィンする」。

3-9 手紙・メール

1 場所・日付

手紙には、右上に手紙が書かれている場所と日付（日 de 月 de 年）を入れる。

Madrid, 23 de enero de 2010 （マドリード、2010年1月23日）

2 宛先

正式な手紙では場所・日付の下、左側に宛先を書く。人名の前には男性なら Sr.（Señor）、女性なら Sra.（Señora）もしくは Srita.（Señorita）をつける。

Sr. Felipe Solano　　　　（宛先）
Lope de Rueda, 4　　　　（住所：通りと番号）
28033 BURGOS　　　　（住所：郵便番号と市名）

3 件名・参照番号

メールであれば件名の欄があるが、正式な手紙では宛先の下に入れる。

ASUNTO: Reunión de la Junta Directiva. 件名：理事会会議
Referencia: N. / 257 参照番号：No.257

4 拝啓

（正式な手紙・メール）　**Muy señor[ra] mío[a]:**
　　　　　　　　　　　（Muy）Estimado[da] señor（a）
　　　　　　　　　　　Muy señores míos:
（くだけた手紙・メール）**（Mi）querido[da] amigo[ga]:**

5 本文（謹賀新年）

Le deseo con todo mi corazón un feliz año nuevo. ¡Que tenga mucho éxito y muchas felicidades!

幸福な新年を迎えられますよう心からお祈り申し上げます。たくさんの成功と幸せが訪れますように！

6 本文（依頼）

Me permito escribirles a ustedes para pedirles que me informen de su curso de verano.

夏期講習についてお教えくださるようお願いしたく、お便りいたします。

7 敬具

（正式な手紙・メール）　**(Le saludo) Atentamente / Cordialmente,**

（くだけた手紙・メール）　**Un abrazo / Un beso,**

8 差出人

Fdo: Gonzalo Fernández　差出人：ゴンサロ・フェルナンデス
Director de Ventas　　　（正式な手紙では肩書き）販売部長

3-10 テレビ

1 チャンネルを変えてくれる？
¿Puedes cambiar de canal?

A：**¿Puedes cambiar de canal?**
チャンネルを変えてくれる？

B：**¿Qué canal quieres ver?**
何チャンネルが見たいの？

2 テレビの音を小さくして。
Baja el volumen de la tele.

A：**Baja el volumen de la tele.**
テレビの音を小さくして。

B：**¿Cuánto? ¿Así?**
どれくらい？ これぐらい？

usted に対してなら Baje ....「音を大きくする」は subir el volumen。

3 サッカーの試合は何チャンネルで放送されますか。
¿En qué canal ponen el partido de fútbol?

A：**¿En qué canal ponen el partido de fútbol?**
サッカーの試合は何チャンネルで放送されますか。

B：**Hoy no lo ponen en ningún canal.**
今日はどのチャンネルでも放送されませんよ。

4 どれくらいテレビを見ますか。
¿Cuánto tiempo ve usted la televisión?

A : **¿Cuánto tiempo ve usted la televisión al día normalmente?**
ふだん1日にどれくらいテレビを見ますか。

B : **Veo la tele unas tres horas.**
3時間ぐらいです。

televisión の省略形 tele も頻繁に使われる。

---

5 テレビをつけてもいいですか。
¿Puedo encender la tele?

A : **¿Puedo encender la tele?**
テレビをつけてもいいですか。

B : **Sí, por favor.**
はい、お願いします。

「消す」は apagar。

---

6 どんな番組が好きですか。
¿Qué programas le gustan?

A : **¿Qué programas le gustan?**
どんな番組が好きですか。

B : **Me gustan las telenovelas. No veo deportes casi nunca.**
テレビドラマが好きです。スポーツ番組はほとんどみません。

documental「ドキュメンタリー」、noticias/noticiero「ニュース番組」。

3-11 病　院

1 救急車を呼んでください。
Llame a la ambulancia, por favor.

A：**Usted está pálido, ¿Qué le pasa?**
顔色が悪いですね。どうしましたか。

B：**Llame a la ambulancia, por favor.**
救急車を呼んでください。

複数の人々に向かってなら Llamen a la ambulancia.

---

2 熱はありますか。
¿Tiene fiebre?

A：**¿Tiene fiebre?**
熱はありますか。

B：**No me he tomado la temperatura, pero me siento febril.**
計っていませんが、熱っぽいです。

「40度の熱がある」は tener cuarenta grados de fiebre。

---

3 血液検査を受けました。
Me hice un análisis de sangre.

A：**Me hice un análisis de sangre.**
血液検査を受けました。

B：**¿Cómo le fue?**
どうでしたか。

4 風邪を引きました。
He cogido un resfriado.

A : Hizo mucho frío anoche.
昨晩はとても寒かったですね。

B : Sí, muchísimo. He cogido un resfriado.
はい、とても。風邪を引きました。

「風邪を引いている」は estar resfriado[da]。

---

5 寝違えてつらいです。
Sufro de tortícolis.

A : Sufro de tortícolis. No puedo mover la cabeza.
寝違えてつらいです。頭が動かせません。

B : ¿Quiere una compresa fría?
湿布が欲しいですか。

「ぎっくり腰」は lumbago、「捻挫」は esguince、「こむら返り」は calambre。

---

6 薬はいつ飲むのですか。
¿Cuándo tomo la medicina?

A : ¿Cuándo tomo la medicina?
薬はいつ飲むのですか。

B : Tome una de estas pastillas antes de la comida.
食前にこの錠剤を一錠飲んでください。

「食後に」は después de la comida。「カプセル」は cápsula。

3-12 銀行

1 デビットカードでお金を下ろしたいのですが。
Quiero retirar dinero con la tarjeta (de débito).

A : Quiero retirar dinero con la tarjeta de débito.
デビットカードでお金を下ろしたいのですが。

B : Hay un cajero automático al fondo de este pasillo.
この廊下のつきあたりに ATM があります。

「クレジットカード」は tarjeta de crédito、「暗証番号」は número secreto。

---

2 100 ユーロ振り込みました。
He hecho una transferencia de cien euros.

A : He hecho una transferencia de cien euros a su cuenta bancaria.
あなたの銀行口座に 100 ユーロ振り込みました。

B : Cuando lo confirme, lo llamaré.
確認でき次第、お電話いたします。

「預け入れ」は depósito、「入金」は ingreso、「送金」は envío de dinero。

---

3 口座を開きたいのですが。
Quisiera abrir una cuenta bancaria.

A : Quisiera abrir una cuenta bancaria.
銀行口座を開きたいのですが。

B : Muy bien. ¿Podría rellenar este formulario, por favor?
分かりました。こちらの用紙に記入していただけますか。

4 彼には 600 万円の貯金がある。
Tiene ahorrados seis millones de yenes.

A：Tu hermano va a comprar una casa, ¿verdad?
君の弟は家を買うんだってね。

B：Sí. **Tiene ahorrados seis millones de yenes para eso.**
そうさ。そのために 600 万円の貯金があるんだ。

tener ahorrado ... は「貯めてある」。

---

5 一昔前は利息が高くて有名だった。
Era famoso por sus altos intereses hace años.

A：Aquel banco **era famoso por sus altos intereses hace años.**
あの銀行は一昔前は利息が高くて有名だった。

B：Sí. Y ahora es famoso por sus altas comisiones.
そうだったね。今は手数料が高くて有名だけど。

---

6 公共料金を口座振替にする
domiciliar la tarifa de servicios públicos

A：Se me olvidado pagar la tarifa de consumo de agua otra vez.
水道料金を払うのをまた忘れていました。

B：Le recomiendo **domiciliar la tarifa de servicios públicos.**
公共料金を口座振替にすることをお勧めします。

3-13 理容院・美容院

1 7月6日に予約をお願いしたいのですか。
Me gustaría hacer una reserva para el seis de julio.

A : **Me gustaría hacer una reserva para el de julio, a las diez.**
7月6日午前10時に予約をお願いしたいのですが。

B : **Muy bien. ¿Cuál es su apellido?**
分かりました。苗字はなんとおっしゃいますか。

「～したいのですが」は Quisiera/Querría/Quería + 不定詞でもよい。

---

2 カットしたいです。
Quiero cortarme el pelo.

A : **¿Qué quiere hacerse el pelo?**
髪の毛をどうされますか。

B : **Quiero cortarme el pelo.**
カットしたいです。

「セットする」は arreglarse el pelo、「ウェーブをつける」は ondularse。

---

3 あまり短くしないでください。
No me corte muy corto.

A : **Le quedará muy bien el pelo corto.**
短い髪の毛がお似合いになると思いますが。

B : **¿Le parece? Pero no me corte muy corto.**
そう思われますか。でもあまり短くしないでください。

4 髪を黒く染めてください。

Tíñame el pelo de color negro.

A : **Tíñame el pelo de color negro.**
髪を黒く染めてください。

B : **Yo creo que le sentaría mejor un color más claro.**
もっと明るい色のほうがお似合いになると思いますよ。

teñir「染める」は語幹母音変化動詞。

---

5 パーマをかけたいのです。

Quisiera que me hiciese la permanente.

A : **Quisiera que me hiciese la permanente.**
パーマをかけたいのですが。

B : **De acuerdo. Un momento, por favor.**
かしこまりました。少々お待ちください。

人の行為に対する希望を述べる時には querer que + 接続法。

---

6 （爪の）マニキュアをしてもらえますか。

¿Me puede hacer la manicura?

A : **¿Me puede hacer la manicura?**
マニキュアをしてもらえますか。

B : **Sí. ¿Le hago la pedicura también?**
はい。ペディキュアもしましょうか。

3-14 トラブル

1 鍵が壊れました。
La llave se ha roto.

A：**¿Qué le pasa?**
どうされましたか。

B：**La llave se ha roto.**
鍵が壊れました。

roto は romper「壊す」の過去分詞。

2 部屋に石鹸がありません。
No tengo jabón en la habitación.

A：**No tengo jabón en la habitación.**
部屋に石鹸がありません。

B：**Se lo llevo enseguida.**
すぐにお届けします。

「トイレットペーパーがなくなった」は Se ha acabado el papel higiénico.

3 通訳を呼んでください。
Llame al intérprete, por favor.

A：**Llame al intérprete, por favor.**
通訳を呼んでください。

B：**No me contesta.**
返事がありません。

4 1時間前には確かにエンジンがかかったのですが。
Hace una hora sí pude poner el motor en marcha.

A：**¿No funciona bien el motor?**
エンジンの調子が良くないのですか。

B：**No. Hace una hora sí pude poner el motor en marcha.**
そうなんです。1時間前は確かにかかったのですが。

肯定の返答の sí を文中で使うことによって、肯定文を強調できる。

5 日本大使館に電話したいのですが。
Quisiera llamar a la Embajada del Japón.

A：**Quisiera llamar a la Embajada del Japón.**
日本大使館に電話する必要があります。

B：**Aquí está el teléfono. Adelante.**
電話はここです。どうぞ。

6 助けて！
¡Socorro!

A：**¡Socorro!**
助けて！

B：**¡Al ladrón!**
泥棒！

3-15 服　装

1 着替えてすぐに戻ります。
Voy a cambiarme y vuelvo pronto.
(ボイ ア カンビアルメ イ ブエルボ プロント)

A：¿Qué quiere hacer ahora?
今からどうしたいですか。

B：Voy a cambiarme y vuelvo pronto.
着替えてすぐに戻ります。

「(衣服を)身に着ける」は ponerse、「脱ぐ」は quitarse。

---

2 暖かい格好をしなさい。
Abrígate bien.
(アブリガテ ビエン)

A：Parece que va a hacer mucho frío, ¿no?
寒くなるみたいだね。

B：Sí. Abrígate bien cuando salgas.
そうよ。出かけるとき暖かい格好をしなさい。

usted に対しては Abríguese bien.

---

3 あなたのジャケットのサイズはいくつですか。
¿Cuál es la talla de su chaqueta?
(クアル エス ラ タジャ デ ス チャケタ)

A：¿Cuál es la talla de su chaqueta?
あなたのジャケットのサイズはいくつですか。

B：Es la 40.
40 です。

靴のサイズは número ともいい、¿Qué número calza? と表現できる。

4 グリーンが流行しています。
Está de moda el color verde.

A : **Esta primavera está de moda el color verde.**
この春はグリーンが流行しています。

B : **Ah, ¿sí? Entonces me quedo con esta camiseta verde.**
あらそうなの？　じゃあこの緑色のTシャツをいただくわ。

---

5 彼は服のセンスがいい。
Tiene buen gusto para vestir.

A : **Era espectacular el jersey que llevaba Rafael ayer.**
昨日ラファエルが着ていたセーター、素敵だったな。

B : **Tiene buen gusto para vestir.**
彼は服のセンスがいいよね。

---

6 服装がだらしない。
Es descuidado en su forma de vestir.

A : **Tiene la cara muy bonita, pero es descuidado en su forma de vestir.**
彼ってきれいな顔をしているのに、服装がだらしないのよね。

B : **¡Qué lástima!**
残念だわ！

4

旅 行

4-1 飛行機

1 008便はいつ出発ですか。
¿Cuándo sale el vuelo 0 0 8?

A：¿Cuándo sale el vuelo 008?
008便はいつ出発ですか。

B：Su salida no está determinada todavía.
まだ未定です。

2 飛行時間はどのくらいですか。
¿Cuánto es la duración del vuelo?

A：¿Cuánto es la duración del vuelo?
飛行時間はどのくらいですか。

B：Aproximadamente ocho horas.
約8時間です。

3 ブエノス・アイレスへは何時に到着しますか。
¿A qué hora llegamos a Buenos Aires?

A：¿A qué hora llegamos a Buenos Aires?
ブエノス・アイレスへは何時に到着しますか。

B：Llegaremos a las ocho y media de la mañana, hora local.
現地時間の午前8時半到着予定です。

4 020便の到着は遅れています。
La llegada del vuelo 0 2 0 está atrasada.

A：Perdón. ¿Ya ha llegado el vuelo 020?
すみません。020便はもう到着しましたか。

B：No, señora. **La llegada del vuelo 020 está atrasada.**
いいえ。020便の到着は遅れています。

---

5 窓側の席をお願いします。
Ventanilla, por favor.

A：¿Qué prefiere, pasillo o ventanilla?
通路側と窓側、どちらがいいですか。

B：**Ventanilla, por favor.**
窓側をお願いします。

---

6 赤いランプがついている時は、トイレは使用中です。
El servicio está ocupado.

A：Oiga. No se abre la puerta del servicio.
すみません。トイレのドアが開かないのですが。

B：Cuando la luz roja está encendida, **el servicio está ocupado.**
赤いランプがついている時は、トイレは使用中です。

4-2 税 関

1 パスポートをご提示ください。
Su pasaporte, por favor.

A：**Su pasaporte, por favor.**
パスポートをご提示ください。

B：**Aquí lo tiene.**
はい、どうぞ。

2 スペインに初めて来ました。
Es la primera vez que he venido a España.

A：**Es la primera vez que he venido a España.**
スペインへは初めて来ました。

B：**Ah, ¿sí? Le deseo buena estancia.**
ああ、そうなんですか？ 素晴らしい滞在をお祈りします。

「マドリードに2度滞在したことがある」は He estado dos veces en Madrid.

3 スペインへ来られた目的は何ですか。
¿Cuál es el objetivo de su visita a España?

A：**¿Cuál es el objetivo de su visita a España?**
スペインへ来られた目的は何ですか。

B：**Por turismo.**
観光です。

「商用で」は por negocio。

4 超過荷物料金
tarifa de exceso de equipaje

A : **Este equipaje requiere la tarifa de exceso de equipaje.**
この荷物には超過荷物料金がかかります。

B : **¿Cuánto es?**
おいくらですか。

---

5 手荷物をお持ちですか。
¿Lleva equipaje de mano?

A : **¿Lleva equipaje de mano?**
手荷物をお持ちですか。

B : **Sí. Sólo uno.**
はい。1つだけです。

「スーツケース」は maleta。

---

6 何か申告するものがありますか。
¿Tiene usted algo que declarar?

A : **¿Tiene usted algo que declarar?**
何か申告するものがありますか。

B : **No, no tengo nada que declarar.**
いいえ、何も申告するものはありません。

algo[nada] que + 不定詞「〜する(べき)ものがある/ない」。

4-3 空港

1 バラハス空港はマドリードの中心部から離れています。
El aeropuerto de Barajas está lejos del centro de Madrid.

A : **El aeropuerto de Barajas está lejos del centro de Madrid.**
バラハス空港はマドリードの中心部から離れています。

B : **No lo sabía.**
知らなかったわ。

「〜の近くに」は cerca de ...。

2 KLM のカウンターはどこか教えていただけますか。
¿Me podría decir dónde está el mostrador de KLM?

A : **¿Me podría decir dónde está el mostrador de KLM?**
KLM のカウンターはどこか教えていただけますか。

B : **Está al lado del mostrador de Air France.**
エールフランスのカウンターの並びです。

「チェックインする」は facturar。

3 免税店
tiendas libres de impuestos

A : **Las tiendas libres de impuestos no están abiertas todavía.**
免税店はまだ開いていません。

B : **Ay, qué lástima. Quería hacer compras.**
ああ、残念だわ。買い物がしたかったのに。

「免税品」は artículo libre de impuestos。

4 到着ロビーまで迎えに行くね。
テ ブスコ エン ラ サラ デ ジェガダス
Te busco en la sala de llegadas.

A：**Mañana llegaré al aeropuerto a las seis de la tarde.**
明日午後6時に空港に着く予定だからね。

B：**Vale. Te busco en la sala de llegadas.**
OK。到着ロビーまで迎えに行くね。

「出発ロビー」は sala de salidas。

---

5 搭乗のアナウンスはもうありましたか。
ジャ アン インフォルマド エル エンバルケ
¿Ya han informado el embarque?

A：**¿Ya han informado el embarque?**
搭乗のアナウンスはもうありましたか。

B：**Sí, acaban de informarlo.**
はい、アナウンスされたところです。

---

6 カートを取ってきます。
ボイ ア トラエル ウン カリト
Voy a traer un carrito.

A：**¡Cuánto equipaje tenemos!**
なんて大荷物なんだ！

B：**Voy a traer un carrito.**
カートを取ってくるわ。

4-4 タクシー

1 タクシーを呼んでください。
Llamen un taxi, por favor.

A：**¿En qué va usted?**
何で行かれますか。

B：**Llamen un taxi, por favor.**
タクシーを呼んでください。

2 5分後にタクシーが到着します。
El taxi llegará en cinco minutos.

A：**El taxi llegará en cinco minutos.**
5分後にタクシーが到着します。

B：**¿Podría avisarnos cuando llegue?**
到着したら知らせていただけますか。

3 空車ですか。
¿Está libre?

A：**¿Está libre?**
空車ですか。

B：**Sí. ¿A dónde quiere ir?**
はい。どちらまで？

「賃走中である」は Está ocupado.

4 プラド美術館までお願いします。

Al Museo del Prado, por favor.

A : **Al Museo del Prado, por favor.**
プラド美術館までお願いします。

B : **Muy bien.**
分かりました。

al は前置詞 a と定冠詞男性単数形 el の縮約形。

5 このあたりで下ろしてもらえますか。

¿Me puede bajar por aquí?

A : **¿Giro a la derecha?**
右に曲がりましょうか。

B : **No. ¿Me puede bajar por aquí?**
いいえ。このあたりで下ろしてもらえますか。

6 タクシーメーターが点灯しているか見て。

Mira si el taxímetro está encendido.

A : **Mira si el taxímetro está encendido. Desde aquí no puedo ver.**
タクシーメーターが点灯しているか見て。ここからじゃ見えないの。

B : **No está encendido.**
点灯してないよ。

4-5 チップ

1 チップをいくらおきましょうか。
¿Cuánto dejamos de propina?

- A：**¿Cuánto dejamos de propina?**
  チップをいくらおきましょうか。

- B：**Dejamos la vuelta.**
  おつりをおいておきましょう。

金額やレストランにもよるが、おつりの小銭をチップとしておくことが多い。

2 バルでもチップが必要なの？
¿Hay que dejar propina en los bares también?

- A：**¿Hay que dejar propina en los bares también?**
  バルでもチップが必要なの？

- B：**Normalmente no la dejan, pero si quieres, la dejas.**
  ふつうは置かないけど、置きたければ置いたらいいよ。

3 おつりは取っておいてください。
Quédese con la vuelta.

- A：**Aquí tiene su vuelta.**
  おつりをどうぞ。

- B：**Quédese con la vuelta.**
  おつりは取っておいてください。

4 ベルボーイにチップとして1ユーロ渡した。
Le di un euro de propina al botones.

A : Le di un euro de propina al botones.
ベルボーイにチップとして1ユーロ渡した。

B : Ah, gracias. La próxima vez yo lo haré.
ああ、ありがとう。次は私が渡すね。

---

5 チップは受け取らないようだ。
Parece que no reciben propinas.

A : Mira. Aquí están las monedas que dejamos esta mañana como propina.
見て。今朝チップとしておいた硬貨がここにあるわ。

B : Parece que no reciben propinas.
チップは受け取らないようだね。

---

6 小銭がありません。
No tengo suelto.

A : No tengo suelto. ¿Tienen ustedes para la propina?
小銭がありません。チップ用にあなた方はもっていますか。

B : Sí, yo tengo.
はい、私が持っています。

4-6 ホテル

1 どのホテルに宿泊されるのですか。
¿En qué hotel va a alojarse?

A：**¿En qué hotel va a alojarse?**
どのホテルに宿泊されるのですか。

B：**Todavía no lo he decidido.**
まだ決めていません。

「オテル・グランビアに」なら (Voy a alojarme) En el Hotel Gran Vía.

---

2 シングルの部屋を3泊予約する
reservar una habitación individual para tres noches

A：**Quisiera reservar una habitación individual para tres noches.**
シングルの部屋を3泊予約したいのですが。

B：**De acuerdo. ¿Cuál es su apellido?**
かしこまりました。苗字は何とおっしゃいますか。

「ダブルの部屋」は habitación doble。

---

3 いつパスポートを返してもらえますか。
¿Cuándo me devuelve mi pasaporte?

A：**¿Cuándo me devuelve mi pasaporte?**
いつパスポートを返してもらえますか。

B：**Ya se lo devuelvo. Un momento, por favor.**
すぐにお返しします。少々お待ちください。

4 この料金に朝食は含まれますか。
¿Este precio incluye el desayuno?

A：¿Este precio incluye el desayuno?
この料金に朝食は含まれますか。

B：Sí, señor, está incluido el desayuno.
はい、朝食は含まれております。

「昼食」は almuerzo、「夕食」は cena。

---

5 朝食はどこで、いつからですか。
¿Dónde y cuándo podemos desayunar?

A：¿Dónde y cuándo podemos desayunar?
朝食はどこで、いつからですか。

B：En el restaurante del primer piso, desde las siete hasta las diez.
1階のレストランで、7時から10時までです。

---

6 チェックアウトの時間は何時ですか。
¿A qué hora tenemos que dejar la habitación?

A：¿A qué hora tenemos que dejar la habitación?
チェックアウトの時間は何時ですか。

B：A las doce.
12時です。

直訳は「何時に我々は部屋を空けなければなりませんか」。

4-7 両替

1 最寄りの両替所はどこですか。
¿Dónde está la oficina de cambio más cercana?

A：¿Dónde está la oficina de cambio más cercana?
最寄りの両替所はどこですか。

B：Está en la plaza.
広場にあります。

「どこで両替できますか」は ¿Dónde se puede cambiar?

2 両替所は何時まで開いていますか。
¿Hasta qué hora está abierta la oficina de cambio?

A：¿Hasta qué hora está abierta la oficina de cambio?
両替所は何時まで開いていますか。

B：Hasta las siete de la tarde.
夕方7時までです。

3 ユーロのレートはいくらですか。
¿A cuánto está el cambio del euro?

A：¿A cuánto está el cambio del euro?
ユーロのレートはいくらですか。

B：Está a ciento treinta y tres yenes.
1ユーロ133円です。

4 500ドルをユーロに両替してください。
Cámbieme quinientos dólares en euros, por favor.

A：**¿En qué puedo servirle?**
いらっしゃいませ。

B：**Cámbieme quinientos dólares en euros, por favor.**
500ドルをユーロに両替してください。

---

5 両替には手数料がかかります。
Cobramos una comisión por el cambio.

A：**Cobramos una comisión por el cambio.**
両替には手数料がかかります。

B：**¿Cuánto me cobran?**
いくらかかりますか。

cobrar una comisión は「手数料を取る」。

● お金に関するワード

dinero　お金　　efectivo　現金　　billete　お札
moneda　小銭
tarjeta de crédito　　クレジットカード
tarjeta del banco　　キャッシュカード
cajero automático　　ATM
cambio de moneda　　両替所
dólar (dólares)　ドル　　euro (euros)　ユーロ
yen (yenes)　　円

4-8 レストラン

1 どのレストランがお勧めですか。
¿Qué restaurante me recomienda usted?

A：**¿Qué restaurante me recomienda usted?**
どのレストランがお勧めですか。

B：**El restaurante que está enfrente del ayuntamiento es muy bueno.**
市役所の正面にあるレストランがとてもおいしいですよ。

2 2人です。
Somos dos.

A：**¿Cuántos son ustedes?**
何名様ですか。

B：**Somos dos.**
2人です。

3 メニューをお願いします。
La carta, por favor.

A：**La carta, por favor.**
メニューをお願いします。

B：**Se la traigo ahora mismo.**
今すぐお持ちします。

El menú, por favor. でもよいが、menú には「定食」という意味もある。

4 ビールをジョッキで1つお願いします。
Una jarra de cerveza, por favor.
(ウナ ハラ デ セルベサ ポル ファボル)

A：**¿Qué va a tomar?**
何になさいますか？

B：**Una jarra de cerveza, por favor.**
ビールをジョッキで1つお願いします。

jarraはピッチャーをさすこともある。

5 これは頼んでいません。
No he pedido esto.
(ノ エ ペディド エスト)

A：**No he pedido esto.**
これは頼んでいません。

B：**Perdón. Ya le traigo su pedido.**
すみません。すぐに注文されたものをお持ちします。

6 お勘定をお願いします。
La cuenta, por favor.
(ラ クエンタ ポル ファボル)

A：**La cuenta, por favor.**
お勘定をお願いします。

B：**Muy bien. Ya se la traigo.**
分かりました。すぐにお持ちします。

バルなどでは勘定書き(cuenta)がないので ¿Cuánto me cobra? などと尋ねる。

4-9 観　光

1 この教会はいつ建てられたのですか。
¿Cuándo se construyó esta iglesia?

A：**¿Cuándo se construyó esta iglesia?**
この教会はいつ建てられたのですか。

B：**Se construyó hace doscientos años aproximadamente.**
約200年前に建てられました。

aproximadamente「およそ、約」のかわりに más o menos でもよい。

---

2 ヒラルダの塔の高さは 97.5 メートルです。
La altura de la Giralda es de noventa y siete metros y medio.

A：**La altura de la Giralda es de noventa y siete metros y medio.**
ヒラルダの塔の高さは 97.5 メートルです。

B：**Es el campanario de la Catedral de Santa María, ¿verdad?**
サンタ・マリア大聖堂の鐘楼なんですよね？

スペインでは小数点は coma という。ここでは 0.5 を medio「半」で表している。

---

3 ノースリーブの服では入れません。
No se puede entrar con la ropa sin mangas.

A：**Señorita, aquí no se puede entrar con la ropa sin mangas.**
お嬢さん、ここはノースリーブの服では入れません。

B：**Tengo un chal. ¿Está bien así?**
ショールをもっています。これなら大丈夫ですか。

4 あのMという看板はどういう意味ですか。
¿Qué significa aquel letrero M?

A : **¿Qué significa aquel letrero M?**
あのMというマークはどういう意味ですか。

B : **Significa "metro". Ahí abajo está la estación de metro.**
「地下鉄」という意味だよ。あの下に地下鉄の駅があるんだよ。

letrero は「看板」。「標識」は señal、「ポスター」は cartel。

---

5 写真撮影は禁止されています。
Está prohibido tomar fotos.

A : **¿Aquí se pueden tomar fotos?**
ここで写真をとってもいいですか。

B : **No. Está prohibido tomar fotos.**
いいえ。写真撮影は禁止されています。

---

6 色々な名所に連れて行ってくれる。
Nos llevan a varios lugares de interés.

A : **Los autobuses turísticos nos llevan a varios lugares de interés.**
観光バスは色々な名所に連れて行ってくれる。

B : **¡Qué bien! ¿Dónde los podemos coger?**
素晴らしい！ どこで乗れるのかな。

4-10 病気・怪我

1 日本語の話せる外科医を探しています。
Estoy buscando un cirujano que hable japonés.

A：Estoy buscando un cirujano que hable japonés.
日本語の話せる外科医を探しています。

B：Quizá un amigo mío conoce a alguien. Lo llamamos.
多分、私の友人が誰か知っていると思います。電話してみましょう。

不特定の人・事物を修飾する関係節内の動詞は接続法。

2 どうしましたか。
¿Qué le pasa?

A：¿Qué le pasa?
どうしましたか。

B：Tengo escalofríos y mareo.
寒気がして、めまいがします。

3 医者の電話番号を教えてもらえますか。
¿Podría decirme el número de teléfono del médico?

A：¿Podría decirme el número de teléfono del médico?
医者の電話番号を教えてもらえますか。

B：Sí, llámelo esta noche.
はい、今晩電話してください。

情報を与えるだけのときには enseñar「教える」ではなく decir「言う」や dar「与える」を用いる。

4 この辺りに薬局はありますか。
¿Hay farmacias por aquí?

A : **¿Hay farmacias por aquí?**
この辺りに薬局はありますか。

B : **Sí, hay una al lado del supermercado.**
はい、スーパーの横に1軒あります。

detrás de …「〜の後ろに」、delante de …「〜の前に」)。

5 虫歯になっています。
Está cariada.

A : **Me duele mucho una muela.**
奥歯がとても痛いのです。

B : **A ver … está cariada.**
どれどれ…虫歯になっていますね。

sacar una muela a + 人で「人の奥歯を抜く」。

6 咳止めはありますか。
¿Tiene algo para frenar la tos?

A : **¿Tiene algo para frenar la tos?**
咳止めはありますか。

B : **¿Qué prefiere, un jarabe o una pastilla?**
シロップかトローチ、どちらがいいですか。

4-11 劇場・映画館

1 どんな興行がお勧めですか。
¿Qué espectáculo me recomienda usted?

A：¿Qué espectáculo me recomienda usted?
どんな興行がお勧めですか。

B：Le recomiendo el festival de flamenco.
フラメンコフェスティバルがお勧めです。

2 コロン劇場では今週末何をやっていますか。
¿Qué ponen en el Teatro Colón este fin de semana?

A：¿Qué ponen en el Teatro Colón este fin de semana?
コロン劇場では今週末何をやっていますか。

B：Un grupo teatral de Alemania va a hacer su función.
あるドイツの劇団が公演をします。

poner は「上演・放送する」。función は映画や演劇の「上演・公演」。

3 コンサートは何時に開演ですか。
¿A qué hora empieza el concierto?

A：¿A qué hora empieza el concierto?
コンサートは何時に開演ですか。

B：Empieza a las siete, pero la sala abre a las seis.
7時開演ですが、会場は6時に開場します。

4 明日の切符を1枚ください。
Una entrada para mañana, por favor.

A：**Una entrada para mañana, por favor.**
明日の切符を1枚ください。

B：**¿Función de tarde o de noche?**
昼の部ですか、それとも夜の部ですか。

「切符」は billete でもよいが、billete は乗り物の切符もさす。

---

5 どこでこの荷物を預かってもらえますか。
¿Dónde se puede guardar este equipaje?

A：**¿Dónde se puede guardar este equipaje?**
どこでこの荷物を預かってもらえますか。

B：**En el guardarropa. Está al lado de la entrada.**
クロークです。入り口のそばにあります。

entrada はここでは「入場券」ではなく「入り口」の意味。

---

6 この座席はどのあたりでしょうか。
¿Por dónde está este asiento?

A：**¿Por dónde está este asiento?**
この座席はどのあたりでしょうか。

B：**Está en el tercer piso.**
2階です。

序数詞のうち、primero「第1の」と tercero「第3の」は男性単数名詞の前で語尾の o が脱落する。

4-12 スポーツ観戦

1 サッカーの試合をスタジアムで見たいのですが。
Me gustaría ver el partido de fútbol en el estadio.

A：**Me gustaría ver el partido de fútbol en el estadio.**
サッカーの試合をスタジアムで見たいのですが。

B：**Vamos a buscar por Internet qué partido podemos ver.**
インターネットでどの試合が見られるか探してみましょう。

---

2 スタジアムへはどう行けばいいのですか。
¿Cómo se va al estadio?

A：**¿Cómo se va al estadio?**
スタジアムへはどう行けばいいのですか。

B：**Gire a la izquierda en el tercer cruce.**
3つ目の交差点を左に曲がってください。

誰にでも当てはまる行為・動作は se ＋三人称単数の動詞活用形で表現する。

---

3 まだ今日の切符はありますか。
¿Todavía tiene entradas para hoy?

A：**¿Todavía tiene entradas para hoy?**
まだ今日の切符はありますか。

B：**Sí. ¿Cuántas quiere?**
はい。何枚いりますか。

cuánto は数量を尋ねる疑問詞。言及対象（名詞）に性数一致して変化する。

4 どのチームのファンなの？
¿Cuál es tu equipo favorito?

A：**¿Cuál es tu equipo favorito?**
どのチームのファンなの？

B：**Soy un hincha del Barça.**
バルサのファンだよ。

直訳すると「君のお気に入りのチームはどれですか」。hincha は「ファン」。

---

5 私達のチームが3対2で勝っています。
Nuestro equipo gana tres a dos.

A：**¿Cómo va el partido?**
試合はどうなっていますか。

B：**Nuestro equipo gana tres a dos.**
我々のチームが3対2で勝っています。

「2対2で引き分ける」は empatar dos a dos。

---

6 よいゴルフコースをご存知ですか。
¿Conoce algún buen campo de golf?

A：**¿Conoce algún buen campo de golf?**
よいゴルフコースをご存知ですか。

B：**No. No juego al golf.**
いいえ。ゴルフはしないんです。

4-13 路上で

1 この通りは何というのか教えてもらえますか。
¿Podría decirme cómo se llama esta calle?

A：**¿Podría decirme cómo se llama esta calle?**
この通りは何というのか教えてもらえますか。

B：**Se llama Calle de Santa María.**
サンタ・マリア通りです。

「大通り」は avenida、「小道」は callejón。

2 2つ目の角を右に曲がってください。
Gire a la derecha en la segunda esquina.

A：**¿Podría indicarme cómo se va a la estación de Shibuya?**
渋谷駅にはどう行けばいいのか教えていただけますか。

B：**Gire a la derecha en la segunda esquina.**
2つ目の角を右に曲がってください。

3 劇場に行くにはこの道でいいですか。
¿Por esta calle se va al teatro?

A：**¿Por esta calle se va al teatro?**
劇場に行くにはこの道でいいですか。

B：**Perdón. No sé. No soy de aquí.**
すみません。分かりません。このあたりの者ではないので。

4 ヒメネス大通りを探しているのですが。

Estoy buscando la Avenida de Jiménez.

A : **Estoy buscando la Avenida de Jiménez.**
ヒメネス大通りを探しているのですが。

B : **Es la que se ve al fondo de esta calle.**
この通りのつきあたりに見えるのがそうです。

---

5 この地図で指し示してください。

¿Podría indicármela en este plano, por favor?

A : **La oficina de correos está en la Plaza de la Merced.**
郵便局はメルセー広場にあります。

B : **¿Podría indicármela en este plano, por favor?**
この地図で指し示してもらえますか。

指し示してもらいたいものが男性名詞なら Indicármelo となる。

---

6 そこは歩いて行くには遠いですか。

¿Está lejos para ir a pie?

A : **¿Está lejos para ir a pie?**
そこは歩いて行くには遠いですか。

B : **Se tardará unos veinte minutos andando.**
歩いてだと 20 分ぐらいかかるでしょう。

「歩いて」は a pie もしくは andando。「タクシーで」は en taxi。

4-14 盗難・紛失

1 パスポートをなくしました。
Se me ha perdido el pasaporte.

A：**Se me ha perdido el pasaporte.**
パスポートをなくしました。

B：**Tiene que declarar la pérdida a la Embajada cuanto antes.**
大使館にできるだけ早く紛失を届けないといけません。

---

2 遺失物係はどこですか。
¿Dónde está la oficina de objetos perdidos?

A：**¿Dónde está la oficina de objetos perdidos?**
遺失物係はどこですか？

B：**En el segundo piso.**
3 [2] 階です。

segundo piso はスペインでは3階、中南米のいくつかの国では2階をさす。

---

3 見つかったら電話してください。
Cuando lo encuentren, llámenme, por favor.

A：**Cuando lo encuentren, llámenme, por favor.**
見つかったら電話して下さい。

B：**¿Cuál es su número de teléfono?**
電話番号は何番ですか。

cuando lo encuentren のように、未来の時を表す副詞節には接続法を用いる。

4 タクシーにカメラを忘れてしまった。
He olvidado mi cámara en un taxi.
（エ　オルビダド　ミ　カマラ　エン　ウン　タクシ）

A：**He olvidado mi cámara en un taxi.**
タクシーにカメラを忘れてしまった。

B：**¿Te acuerdas de qué empresa de taxi era?**
どのタクシー会社だったか覚えている？

---

5 ハンドバッグを盗まれた！
¡Me han robado el bolso!
（メ　アン　ロバド　エル　ボルソ）

A：**¡Me han robado el bolso!**
ハンドバックを盗まれた！

B：**¿Qué tenías en el bolso?**
ハンドバッグの中に何を入れていたの？

---

6 私の荷物が出てきていません。
No ha salido mi equipaje.
（ノ　ア　サリド　ミ　エキパヘ）

A：**No ha salido mi equipaje.**
私の荷物が出てきていません。

B：**¿Cuántas maletas son?**
スーツケース何個ですか。

4-15 訪問

1 エルナンデスさんに面会に来ました。
He venido a ver al señor Hernández.

A : **He venido a ver al señor Hernández.**
エルナンデスさんに面会に来ました。

B : **Ya se lo aviso. Un momento, por favor.**
すぐにお伝えします。少々お待ちください。

2 いつお伺いしたらよいでしょうか。
¿Cuándo puedo visitarlo a usted?

A : **¿Cuándo lo puedo visitar a usted?**
いつお伺いしたらよいでしょうか。

B : **Pues, dígame cuando puede usted.**
そうですね、あなたがいつ可能かおっしゃってください。

visitar は「訪問する」。相手が女性なら lo ではなく la となる。

3 何曜日が都合がいい？
¿Qué día te viene bien?

A : **¿Qué día te viene bien?**
何曜日が都合がいい？

B : **Me viene bien el jueves.**
私は木曜日が都合がいいわ。

丁寧に言うなら te を le に変える。viene bien の代わりに conviene もよい。

4 よろしいでしょうか。
¿Me permite?

A：¿Me permite?
よろしいでしょうか。

B：Sí, claro. Adelante.
はい、もちろんです。どうぞ。

5 お仕事中、お邪魔してすみません。
Perdóneme por interrumpirlo en el trabajo.

A：Perdóneme por interrumpirlo en el trabajo.
お仕事中、お邪魔してすみません。

B：No se preocupe.
心配なさらないで下さい。

interrumpir は「中断させる、遮る」。

6 これにて失礼します。
Ya me marcho.

A：Ya me marcho.
これにて失礼します。

B：Muchas gracias por venir.
来て下さってどうもありがとうございました。

5 ビジネス・社会

5-1 会 社

1 御社の資本はどのくらいですか。
¿Cuánto es el capital de su empresa?

A：**¿Cuánto es el capital de su empresa?**
御社の資本はどのくらいですか。

B：**Son siete millones de euros.**
700万ユーロです。

¿Cuántos fondos tiene su empresa? でもよい。また「会社」は compañía でも可。

---

2 御社の従業員は何人ですか。
¿Cuántos empleados tiene su empresa?

A：**¿Cuántos empleados tiene su empresa?**
御社の従業員は何人ですか。

B：**Tiene trescientos cincuenta y un empleados.**
351人です。

---

3 就業時間
horario de trabajo

A：**¿Desde qué hora y hasta qué hora es el horario de trabajo?**
就業時間は何時から何時までですか。

B：**Depende, porque usamos un horario flexible.**
場合によります、というのはフレックスタイムを採用しているからです。

4 工場見学を実施しています。

Ofrecemos una visita educacional a la fábrica.
<small>オフレセモス ウナ ビシタ エドゥカシオナル ア ラ ファブリカ</small>

A : **Me gustaría saber más sobre el proceso de producción de su negocio.**
御社の商品の製造工程についてもっと知りたいのですが。

B : **Ofrecemos una visita educacional de la fábrica. ¿Quiere ir?**
工場見学を実施しています。参加されますか。

---

5 2日間の有給休暇をとりました。

Tomé dos días de vacaciones remuneradas.
<small>トメ ドス ディアス デ バカシオネス レムネラダス</small>

A : **Tomé dos días de vacaciones remuneradas la semana pasada.**
先週、2日間の有給休暇をとりました。

B : **Ah, por eso no estuvo en la oficina cuando la llamé.**
ああ、だからお電話したとき、会社にいらっしゃらなかったのですね。

---

6 彼は12月で早期退職するらしい。

Va a jubilarse anticipadamente.
<small>バ ア フビラルセ アンティシパダメンテ</small>

A : **Dicen que va a jubilarse anticipadamente en diciembre.**
彼は12月で早期退職するらしい。

B : **Ay, ¿de verdad? Pero si está encargado de un proyecto muy importante.**
ええ、本当？ 重要なプロジェクトを担当しているのに。

Dicen que ... は動詞 decir の3人称複数形を使った不定人称文。

5-2 経 済

1 経済成長が伸び悩んでいます。
El crecimiento económico se ha estancado.

A : ¿Cómo está la situación económica de este país?
この国の経済状況はどうですか。

B : El crecimiento económico se ha estancado estos diez años.
ここ10年間、経済成長が伸び悩んでいます。

---

2 日本の市況はどうですか。
¿Cómo va el estado del mercado en Japón?

A : ¿Cómo va el estado del mercado en Japón?
日本の市況はどうですか。

B : Está en una crisis económica global.
グローバルな経済危機にあります。

---

3 倒産する会社の数が増えています。
Ha aumentado el número de compañías quebradas.

A : Estos años ha aumentado el número de compañías quebradas.
ここ数年、倒産する会社の数が増えています。

B : Sí. Se espera tomar medidas para esta crisis muy pronto.
はい。早急にこの危機に対する対策が講じられることが望まれています。

現在完了は過去から現在までの継続を表すが、継続中かどうかは文脈による。

4 PIB という略語はどういう意味ですか。
¿Qué significan las siglas PIB?

A : ¿Qué significan las siglas PIB?
PIB とは何の略語ですか。

B : Significa "Producto Interior Bruto".
国内総生産（GDP）の略語です。

国民総生産（GNP）は PNB（Producto Nacional Bruto）となる。

---

5 家計が苦しくなるでしょう。
Se resentirá la economía familiar.

A : Dentro de unos años subirá el impuesto sobre el consumo.
数年内に消費税が上がるでしょう。

B : Se resentirá la economía familiar.
家計が苦しくなるでしょうね。

impuesto sobre la renta「所得税」、impuesto municipal「住民税」。

---

6 今月は黒字でした。
El balance de la empresa ha sido positivo este mes.

A : El balance de la empresa ha sido positivo este mes.
今月は黒字でした。

B : ¡Muy buena noticia!
とてもよいニュースですね！

5-3 金融・保険

1 低利の融資を受けられますか。
¿Podríamos recibir un préstamo a un interés bajo?

A : **¿Podríamos recibir un préstamo a un interés bajo?**
低利の融資を受けられますか。

B : **Sí, pero solo para empresas pequeñas.**
はい、でも小規模企業のみです。

tipo de interés「利率」、interés simple「単利」、interés compuesto「複利」。

2 住宅ローンを提供してくれるでしょうか。
¿Nos ofrecen el crédito de vivienda?

A : **¿A qué tanto por ciento de interés nos ofrecen el crédito de vivienda?**
金利何パーセントで我々に住宅ローンを提供してくれるでしょうか。

B : **Al diez por ciento.**
10パーセントです。

3 車の保険証はありますか。
¿Tiene usted el certificado de seguro del automóvil?

A : **¿Tiene usted el certificado de seguro del automóvil?**
車の保険証はありますか。

B : **Sí. Aquí está.**
はい。ここにあります。

compañía de seguros「保険会社」、asegurado[da]「被保険者」。

4 損害保険とは何ですか。
¿Qué es el seguro contra daños?

A : ¿Qué es el seguro contra daños?
損害保険とは何ですか。

B : Es contra peligros inesperados como una inundación, un terremoto, etc.
洪水、地震など予期せぬ危険に対するものです。

seguro de vida「生命保険」、seguro contra robos「盗難保険」。

---

5 当社で総合保険に加入できます。
Se puede inscribir en el seguro multirriesgo.

A : Se puede inscribir en el seguro multirriesgo.
当社で総合保険に加入できます。

B : ¿Cuánto es la prima?
保険料はおいくらですか。

---

6 この申込用紙に必要事項を記入してください。
Rellene este formulario con los datos necesarios.

A : Rellene este formulario con los datos necesarios.
この申込用紙に必要事項を記入して下さい。

B : ¿Tiene el formulario en inglés?
英語の申込用紙はありますか。

rellenar A con B で「A を B で埋める」。

5-4 貿易

1 御社はどこの国と貿易しているのですか。
¿Con qué países comercia su compañía?

A: **¿Con qué países comercia su compañía?**
御社はどこの国と貿易をしているのですか。

B: **Con China y Rusia.**
中国とロシアです。

「貿易」は comercio exterior。

---

2 マドリードに事務所がありますか。
¿Tiene oficina en Madrid?

A: **¿Tiene oficina en Madrid?**
マドリードに事務所がありますか。

B: **Vamos a abrirla dentro de poco.**
もうすぐ開きます。

sucursal「支社」、agencia/representante「代理店」。

---

3 商品のセールスを担当しています。
Me encargo de la venta de productos.

A: **Me encargo de la venta de productos.**
私は商品のセールスを担当しています。

B: **¿Quién se encarga de la compra de materia prima?**
誰が原材料購入を担当されていますか。

encargarse de …「～を担当する」。

4 貿易の見通しは明るい。

Las perspectivas de comercio son favorables.

A：¿Cómo está la situación comercial entre España y Japón?
日西貿易の状況はいかがでしょうか。

B：Las perspectivas de comercio entre los dos países son favorables.
2国間の貿易の見通しは明るいです。

5 製品サンプルをまだ受け取っていません。

No hemos recibido todavía las muestras de producto.

A：No hemos recibido todavía las muestras de producto.
製品サンプルをまだ受け取っていません。

B：Qué extraño. Las enviamos hace un mes.
おかしいですね。1ヵ月前に発送しました。

6 商談がまとまった。

Se ha llegado a un acuerdo en las negociaciones.

A：¿Cómo te ha ido la rueda de negociaciones de hoy?
今日の商談会はどうだったの？

B：Finalmente se ha llegado a un acuerdo en las negociaciones.
ようやく商談がまとまったよ。

llegar a un acuerdo で「合意に達する」。

5-5 資源・エネルギー

1 省エネ
ahorro de energía
アオロ　デ　エネルヒア

A：¿Cuál es la técnica más importante para el **ahorro de energía**?
産業における最も重要な省エネ技術とは何ですか。

B：Es la técnica de disminución del consumo de electricidad.
電力消費を削減する技術です。

2 エネルギー原料
materias primas de energía
マテリアス　プリマス　デ　エネルヒア

A：Los problemas de **materias primas de energía** se han agravado.
エネルギー原料問題が深刻化している。

B：Exactamente. Se tienen que buscar soluciones muy pronto.
その通り。早急に解決策を探さなければならない。

-mente がつく語は副詞だが、B のように文の代わりの機能を果たす。

3 代替エネルギーを開発する
desarrollar las energías alternativas
デサロジャル　ラス　エネルヒアス　アルテルナティバス

A：Es indispensable **desarrollar las energías alternativas**.
代替エネルギーの開発が不可欠です。

B：Por ejemplo, ¿cómo va el desarrollo de la energía solar?
例えば、太陽エネルギーの開発はどうなっていますか。

4 環境への配慮は家庭から始まる。

El cuidado del medio ambiente comienza en el hogar.

A : El cuidado del medio ambiente comienza en el hogar, ¿verdad?
環境への配慮は家庭から始まるよね。

B : Efectivamente. El reciclaje está extendido en muchos ámbitos.
その通り。リサイクルが多くの分野に広まっているね。

5 天然資源の開発が予定されています。

Hay un proyecto de explotación de recursos naturales.

A : Se advierte que estamos en una crisis energética.
私たちはエネルギー危機にあると指摘されていますよね。

B : Hay un proyecto de explotación de recursos naturales.
天然資源の開発が予定されています。

advertir は「指摘する」という意味なら直説法、「警告する」という意味なら接続法を que 節にとる。

6 世界的に石油の価格が下がりました。

Ha bajado el precio de petróleo mundialmente.

A : Ha bajado el precio de petróleo mundialmente.
世界的に石油の価格が下がりました。

B : Pero seguiremos el desarrollo de las nuevas energías.
しかしわが社は新しいエネルギーの開発を続けます。

5-6 政治

1 どうしてこの政党を支持するの？
¿Por qué apoyas a este partido?

A：**¿Por qué apoyas a este partido?**
どうしてこの政党を支持するの？

B：**No siempre estoy contento con este, pero no hay otra opción.**
必ずしも満足しているわけではないけど、他に選択の余地がないから。

2 現政府の政策についてどう思われますか。
¿Qué le parece la política del gobierno actual?

A：**¿Qué le parece la política del gobierno actual?**
現政府の政策についてどう思われますか。

B：**Tendría que esforzarse más en los problemas laborales.**
もっと雇用問題に力を入れるべきでしょう。

意見を求める表現としては ¿Qué opina usted sobre ...? でもよい。

3 環境にもっと配慮する人に投票したいです。
Quiero votar al que preste más atención al medio ambiente.

A：**¿A quién piensa votar en las próximas elecciones?**
次の選挙では誰に投票するつもりですか。

B：**Quiero votar al que preste más atención al medio ambiente.**
環境にもっと配慮するような人に投票したいです。

preste を presta にすると、実際に「配慮する人」が存在していることになる。

4 誰が当選すると思いますか。

¿Quién cree que va a ser elegido?

A : **¿Quién cree que va a ser elegido en las elecciones de este domingo?**
この日曜日の選挙では誰が当選すると思いますか。

B : **La candidata joven va a ser elegida, creo.**
若い女性候補者が当選すると思います。

男性候補者は candidato。口語では creo「(私は)思う」が後置されることがある。

---

5 衆議院選挙はいつですか。

¿Cuándo es la elección de la Cámara de Diputados?

A : **¿Cuándo es la elección de la Cámara de Diputados?**
衆議院選挙はいつですか。

B : **Puede que sea en enero.**
1月かもしれません。

衆議院は Cámara Baja とも言う。参議院は Cámara de Senadores。

● 日本の主な政党

Partido Liberal Democrático	自由民主党
Partido Democrático	民進党
Nuevo Kōmeitō	公明党
Partido Comunista de Japón	日本共産党
Iniciativas desde Japón	日本維新の会
Partido Liberal	自由党
Partido Socialdemócrata de Japón	社会民主党
no partidista	無党派

5-7 給与・年金

1 あなたのお給料はいくらですか。
¿Cuánto es su sueldo?

A: ¿Cuánto es su sueldo?
あなたのお給料はいくらですか。

B: Son mil quinientos euros.
1,500ユーロです。

¿Cuánto le pagan mensualmente?「ひと月にいくら支払われていますか」でもよい。

---

2 あなたの1日の勤務時間は何時間ですか。
¿Cuántas horas trabaja al día?

A: ¿Cuántas horas trabaja al día?
あなたの1日の勤務時間は何時間ですか。

B: Trabajo ocho horas al día.
1日8時間働いています。

---

3 昇給は年何回ですか。
¿Cuántas veces al año le aumentan el sueldo?

A: ¿Cuántas veces al año le aumentan el sueldo?
昇給は年何回ですか。

B: Una vez al año.
年1回です。

直訳は「年に何回給料を増やされますか」。

4 ボーナスはいつ支給されますか。
¿Cuándo se paga la gratificación?

A：¿Cuándo se paga la gratificación?
ボーナスはいつ支給されますか。

B：Se paga en junio y diciembre.
6月と12月に支給されます。

「ボーナス」には paga extra、bonificación など様々な言い方がある。

---

5 どんな年金を受給していますか。
¿Qué tipo de pensión cobra usted?

A：¿Qué tipo de pensión cobra usted?
どんな年金を受給していますか。

B：Cobro la de vejez.
老齢年金を受けています。

pensión del Estado「国民年金」、pensión/previsión social「厚生年金」。

---

6 日本では何歳から年金が支給されるのですか。
¿A qué edad conceden la pensión en Japón?

A：¿A qué edad conceden la pensión en Japón?
日本では何歳から年金が支給されるのですか。

B：Normalmente, a partir de los sesenta años.
ふつう、60歳からです。

5-8 福祉

1 社会福祉とは何ですか。
¿Qué es el bienestar social?

A：**¿Qué es el bienestar social?**
社会福祉とは何ですか。

B：**Es ofrecer la ayuda social a los que la necesitan.**
必要としている人に社会的な援助を提供することです。

「社会福祉」は servicios sociales や asistencia social とも表現される。

---

2 障害者の雇用はどんな状況ですか。
¿Cómo está el empleo de personas con discapacidad?

A：**¿Cómo está el empleo de personas con discapacidad?**
障害者の雇用はどんな状況ですか。

B：**El porcentaje de empleo está muy bajo.**
雇用の割合はとても低いです。

discapacidad は「身体的・精神的な障害」。

---

3 この地域は社会福祉施設が充実していますね。
Esta zona goza de varias instituciones benéficas.

A：**Esta zona goza de varias instituciones benéficas.**
この地域は社会福祉施設が充実していますね。

B：**Sí. Hay vivienda sin barreras para ancianos también.**
はい。高齢者用バリアフリー住宅もあります。

4 幼児虐待が後を絶ちません。
Los casos de maltrato infantil ocurren uno tras otro.

A : **Los casos de maltrato infantil ocurren uno tras otro.**
幼児虐待が後を絶ちません。

B : **A mi me da mucha tristeza cada vez que oigo la noticia.**
ニュースを聞くたびに、とても悲しくなります。

uno tras otro は「次々に」。

---

5 老後の保障
seguridad social de la tercera edad

A : **¿Cómo es la seguridad social de la tercera edad en su país?**
あなたの国の老後の社会保障とはどんなものですか。

B : **Básicamente, se concede la pensión.**
基本的には年金です。

tercera edad は「老年、高齢」という意味。

---

6 医療は無料ですか。
¿Es gratis la asistencia médica?

A : **¿Es gratis la asistencia médica?**
医療は無料ですか。

B : **No. Hay que pagarla.**
いいえ。有料です。

5-9 環境

1 リサイクルを心がけています。
Procuro reciclar.

A：**¿Qué haces por el medio ambiente?**
環境のためにあなたは何かしている？

B：**Procuro reciclar.**
リサイクルを心がけています。

「〜を心がける」は tratar de + 不定詞でもよい。

2 環境に優しい商品
productos que contaminen menos el medio ambiente

A：**¿Cuál es su objetivo para preservar el medio ambiente?**
あなたが環境保全のために目標にしていることは何ですか。

B：**Tengo por objetivo desarrollar productos que lo contaminen menos.**
環境に優しい商品の開発を目指しています。

lo は el medio ambiente をさす。

3 我々は環境破壊という危険にさらされている。
Estamos en peligro de una destrucción medioambiental.

A：**Estamos en peligro de una destrucción medioambiental.**
我々は環境破壊という危険にさらされている。

B：**Aunque mucha gente no se entera de esto.**
多くの人がこのことに気がついていないのだけれど。

4 どのような大気清浄化対策が取られたのですか。
¿Qué remedio se ha tomado para la purificación del aire?

A：¿Qué remedio se ha tomado para la purificación del aire?
どのような大気清浄化対策が取られたのですか。

B：Hemos instalado los filtros para eliminar los gases de la fábrica.
ガス浄化フィルターを取り付けました。

5 地球温暖化に対する努力
esfuerzos frente al calentamiento global

A：Se espera hacer más esfuerzos frente al calentamiento global.
地球温暖化のためによりいっそう努力することが望まれています。

B：Cada uno de nosotros tenemos que hacer lo que podamos ahora mismo.
我々の一人ひとりが今すぐに出来ることをしなければなりません。

4 酸性雨によって死滅した森について取り上げています。
Trata del bosque muerto por la lluvia ácida.

A：¿Qué dice este artículo?
この記事には何が書かれていますか。

B：Trata del bosque muerto por la lluvia ácida.
酸性雨によって死滅した森について取り上げています。

tratar de ... は「〜について扱う、取り上げる」。

5-10 交通事故

1 運転者が信号を守らなかったからです。

Porque el conductor no respetó el semáforo.

A：**¿Por qué ocurrió el accidente?**
なぜ事故は起こったんですか。

B：**Porque el conductor no respetó el semáforo.**
運転者が信号を守らなかったからです。

信号機の色は「赤」rojo、「黄色」amarillo/naranja、「青」verde。

---

2 車にひかれた。

Ha sido atropellado por un coche.

A：**¿Qué le ha pasado?**
彼はどうしたの？

B：**Ha sido atropellado por un coche.**
車にひかれたんだ。

---

3 彼女の息子は交通事故で亡くなりました。

Su hijo murió en un accidente de tráfico.

A：**Su hijo murió en un accidente de tráfico.**
彼女の息子は交通事故で亡くなりました。

B：**Lo siento mucho.**
大変お気の毒です。

「病気 / 老衰で死ぬ」は morir de una enfermedad/vejez。

4 交通事故か何かあったのでしょう。
Habrá ocurrido un accidente de tráfico o algo.

A：**El tráfico está atascado. ¿Qué ha pasado?**
渋滞していますね。何があったのでしょうか。

B：**Habrá ocurrido un accidente de tráfico o algo.**
交通事故か何かあったのでしょう。

---

5 この車両にけが人はいますか。
¿Hay heridos en este vagón?

A：**¿Hay heridos en este vagón?**
この車両にけが人はいますか。

B：**Aquella señora está herida.**
あの女性が怪我をしています。

herido は名詞としても形容詞としても使用できる。

---

6 けが人がいなくてよかったですね！
¡Qué bueno que no haya heridos!

A：**¡Qué bueno que no haya heridos!**
けが人がいなくてよかったですね！

B：**Sí. Aunque el coche está gravemente dañado.**
本当に。車は大破してしまったけれど。

5-11 自然災害

1 日本独特の自然現象は何ですか。
¿Cuáles son los fenómenos naturales típicos de Japón?

A : ¿Cuáles son los fenómenos naturales típicos de Japón?
日本独特の自然現象は何ですか。

B : Los tifones llegan a menudo.
しばしば台風がやって来ます。

---

2 台風は本州に上陸すると思いますか。
¿Cree usted que el tifón llegará a la Isla de Honshu?

A : ¿Cree usted que el tifón llegará a la Isla de Honshu?
台風は本州に上陸すると思いますか。

B : No. Ha cambiado de rumbo y se ha alejado de Japón.
いいえ。進路を変えて日本からは遠ざかりました。

---

3 新聞によると昨日地震がありました。
El periódico dice que hubo un terremoto ayer.

A : El periódico dice que hubo un terremoto ayer.
新聞によると昨日地震がありました。

B : No lo sentí nada.
全然感じませんでした。

nada は「全く～ない」という意味の副詞としても機能する。

4 先月この川は氾濫しました。

Este río se desbordó el mes pasado.

A: **Este río se desbordó el mes pasado.**
先月この川は氾濫しました。

B: **Dicen que más de cuarenta casas sufrieron daños.**
40 世帯以上が被害にあったそうです。

más de ... は「〜以上」。「〜以下」は menos de ...。

---

5 被害額は1億円にのぼります。

La suma de los daños ascendió a mil millones de yenes.

A: **Se destruyeron unas cien casas por el terremoto.**
地震でおよそ 100 戸が全壊しました。

B: **La suma de los daños ascendió a mil millones de yenes.**
被害額は 1 億円にのぼりました。

100 万を示す millón は名詞なので複数形を作る。

---

6 死者は5名です。

Murieron cinco personas.

A: **Murieron cinco personas.**
死者は 5 名です。

B: **¿Cuántas personas están desaparecidas todavía?**
何名がいまだに行方不明なのですか。

5-12 宗教

1 どんな宗教を信仰していますか。
¿Qué religión profesa usted?

A：**¿Qué religión profesa usted?**
どんな宗教を信仰していますか。

B：**Profeso el cristianismo.**
キリスト教を信仰しています。

el budismo「仏教」、el sintoísmo「神道」、el islam「イスラム教」

---

2 日本にはカトリック教徒がたくさんいますか。
¿Hay muchos católicos en Japón?

A：**¿Hay muchos católicos en Japón?**
日本にはカトリック教徒がたくさんいますか。

B：**Aproximadamente trescientos cuarenta mil católicos viven en Japón.**
およそ34万人のカトリック教徒が日本に住んでいます。

---

3 日本の寺と神社はどこが違うのですか。
¿Qué diferencia hay entre un templo y un santuario en Japón?

A：**¿Qué diferencia hay entre un templo y un santuario en Japón?**
日本の寺と神社はどこが違うのですか。

B：**Brevemente, el templo es del budismo, y el santuario, del sintoísmo.**
簡単に言うと、寺は仏教ので、神社は神道のものです。

4 日本の神社ではどのように参拝するのですか。
¿Qué se hace para rezar en un santuario japonés?

A：**¿Qué se hace para rezar en un santuario japonés?**
日本の神社ではどのように参拝するのですか。

B：**Primero se hacen dos reverencias y se dan dos palmadas.**
まず、2礼し2拍手を打ちます。

---

5 ミサは毎日行われるカトリックの儀式です。
La misa es un rito católico que se celebra todos los días.

A：**¿Qué es la misa?**
ミサとは何ですか。

B：**La misa es un rito católico que se celebra todos los días.**
ミサは毎日行われるカトリックの儀式です。

---

6 遺体を火葬します。
Se incinera el cadáver.

A：**¿Qué hacen después de un funeral en Japón?**
日本では葬式のあと、何をしますか。

B：**Se incinera el cadáver.**
遺体を火葬します。

5-13 教 育

1 最終学歴は何ですか。
¿Qué carrera estudiaste?

A：**¿Qué carrera estudiaste?**
最終学歴は何ですか。

B：**Dejé la carrera universitaria sin terminar.**
大学を中退しました。

「～を卒業する」は graduarse en …。

2 どこの大学に通っているの？
¿En qué universidad estudias?

A：**¿En qué universidad estudias?**
どこの大学に通っているの？

B：**Estudio en la Universidad de Tokio.**
東京大学さ。

universidad privada [provincial/municipal]「私立［県立／市立］大学」。

3 君は何年生ですか。
¿En qué curso estás?

A：**¿En qué curso estás?**
君は何年生ですか。

B：**Estoy en el primer curso.**
1年生です。

序数詞 primero「第1の」と tercero「第3の」は男性単数名詞の前で語尾の o が脱落する。

4 入試競争率は 30 倍です。
Uno de cada treinta aspirantes pasa el examen de ingreso.

A : Uno de cada treinta aspirantes pasa el examen de ingreso.
入試競争率は 30 倍です。

B : Hay mucha competencia, sobre todo, en esta facultad.
とくにこの学部は競争が激しいですね。

---

5 小学生の大半が塾に通っている。
La mayoría de los alumnos de primaria van a academias.

A : Ahora la mayoría de los alumnos de primaria van a academias en Japón.
日本では今や小学生の大半が塾に通っている。

B : Tendrán tantas cosas que hacer como los adultos.
大人並みにやるべきことがたくさんあるんだろうね。

---

6 歴史の成績はどうだった？
¿Cómo te han ido las notas de Historia?

A : ¿Cómo te han ido las notas de Historia?
歴史の成績はどうだった？

B : Me han puesto "sobresaliente".
「優」だったよ。

5-14 乾杯

1 「乾杯」という言葉はドイツ語から来た。
La palabra "brindis" viene del alemán.

A: **La palabra "brindis" viene del alemán.**
「乾杯」という言葉はドイツ語から来たんだ。

B: **Ah, ¿sí? No lo sabía.**
へぇ、そうなの？ 知らなかった。

tener su origen en ... も「〜に起源をもっている」という意味。

---

2 我々の再会に乾杯したよ。
Brindamos por nuestro reencuentro.

A: **Ayer viste a tu viejo amigo después de diez años sin verlo, ¿no?**
昨日10年ぶりに古くからの友人に会ったんでしょ？

B: **Sí. Brindamos por nuestro reencuentro.**
そう。我々の再会に乾杯したよ。

---

3 乾杯の作法は国によって違います。
Los protocolos del brindis varían según los países.

A: **Los protocolos del brindis varían según los países.**
乾杯の作法は国によって違いますよね。

B: **Sí. Por ejemplo, en España no se hace mucho el brindis.**
そうです。例えばスペインではあまり乾杯はしません。

Brindemos por los novios.
新郎新婦のために乾杯。

Brindo por el éxito de su proyecto.
あなたのプロジェクトの成功を祈って乾杯したいと思います。

Un brindis por nosotros.
私たちに(乾杯)。

¡Salud!
乾杯！（salud は「健康」という意味。「健康を祈って乾杯」）

¡A tu salud!
きみの健康を祝して乾杯！

¡Chinchín!
乾杯！（hacer chinchín「乾杯する」）

¡Por los aquí presentes!
ここにいるみんなのために乾杯！

Arriba, abajo, al centro y ¡adentro!
上に、下に、前に、そして中に！
（グラスを持ち上げて上、下、前に動かして最後に飲む）

5-15 看板

1 あの看板に書いてある単語はどういう意味ですか。
¿Qué significa la palabra escrita en aquel letrero?

A : ¿Qué significa la palabra escrita en aquel letrero?
あの看板に書いてある単語はどういう意味ですか。

B : Odontología ... significa lo mismo que dentista.
歯科医…歯医者と同じ意味です。

「看板」は letrero、「標識」は señal、「張り紙、ポスター」は cartel。

2 通りが進入禁止の標識で封鎖されています。
La calle está cerrada con la señal de prohibido el paso.

A : Hay mucha policía. ¿Qué ha pasado?
警察がたくさんいますね。何があったのでしょう。

B : La calle está cerrada con la señal de prohibido el paso.
通りは進入禁止の標識で封鎖されています。

3 その緑の十字の形をした看板は何ですか。
¿Qué es esa señal con forma de cruz verde?

A : ¿Qué es esa señal con forma de cruz verde?
その緑の十字の形をした看板は何ですか。

B : Es de farmacias.
薬局の看板です。

観光案内所	OFICINA DE TURISMO
売店	QUIOSCO
バス停	PARADA
横断歩道	PASO DE PEATONES
銀行	BANCO
(駅・バスターミナルの)ホーム・乗り場	ANDÉN
切符売り場	TAQUILLA
レジ	CAJA
地下鉄	METRO
入り口／出口	ENTRADA / SALIDA
エレベーター	ASCENSOR
非常階段	ESCALERA DE INCENDIOS
1階	PLANTA BAJA
地階	SÓTANO
トイレ	BAÑO, ASEO
使用中／使用可(空き)	OCUPADO / LIBRE
営業中／営業終了	ABIERTO / CERRADO
(ドアの)押す／引く	EMPUJE / TIRE
禁煙	NO FUMAR / PROHIBIDO FUMAR / SE PROHÍBE FUMAR
手を触れないでください。	NO TOCAR

村上陽子　Murakami Yoko
1994 年　大阪外国語大学イスパニア語学科卒業
1997 年〜1999 年コロンビア国立カロ・イ・クエルボ研究所に国費留学（スペイン語学修士）
2006 年大阪外国語大学大学院言語社会研究科　言語文化学博士号取得（地域文化学博士）
現在、関西学院大学人間福祉学部准教授
専門は、スペイン語学、スペイン語教育

そのまま使えるスペイン語フレーズブック

2016年12月23日　第1刷発行

著　者　村上　陽子

発行者　浦　　晋　亮

発行所　IBCパブリッシング株式会社
　　　　〒162-0804 東京都新宿区中里町29番3号　菱秀神楽坂ビル9F
　　　　Tel. 03-3513-4511 Fax. 03-3513-4512
　　　　www.ibcpub.co.jp

印刷所　株式会社シナノパブリッシングプレス

© 村上陽子 2016

Printed in Japan

落丁本・乱丁本は、小社宛にお送りください。送料小社負担にてお取り替えいたします。
本書の無断複写（コピー）は著作権法上での例外を除き禁じられています。

ISBN978-4-7946-0451-4